1ª edição | dezembro de 2005 | 1 reimpressão | 20.000 exemplares

Relançamento da obra publicada sob o título *Alforria: libertação do cativeiro da alma*. O texto original foi submetido a nova preparação, bem como à revisão ortográfica e gramatical.

2ª edição revista e ampliada | novembro de 2009 | 8.000 exemplares
4ª reimpressão | abril de 2011 | 4.000 exemplares
5ª reimpressão | agosto de 2014 | 2.000 exemplares
6ª reimpressão | fevereiro de 2017 | 2.000 exemplares
7ª reimpressão | agosto de 2019 | 2.000 exemplares
8ª reimpressão | setembro de 2024 | 1.000 exemplares

Todos os direitos reservados à CASA DOS ESPÍRITOS EDITORA LTDA.
Avenida Álvares Cabral, 982, sala 1101 | Lourdes
Belo Horizonte | MG | 30170-002 | Brasil
Tel.: +55 31 3304-8300
www.casadosespiritos.com.br
editora@casadosespiritos.com.br

Dados Internacionais de Catalogação na Publicação [CIP]
[Câmara Brasileira do Livro | São Paulo | SP | Brasil]

Aruanda, Pai João de (Espírito). Pai João / pelo espírito Pai João de Aruanda; [psicografado por] Robson Pinheiro. – 2ª ed. – Contagem, MG: Casa dos Espíritos Editora, 2009.

ISBN 978-85-87781-37-6

1. Afro-brasileiros – Religião 2. Espiritismo 3. Espíritos 4. Mediunidade 5. Psicografia 6. Sincretismo (Religião) I. Pinheiro, Robson. II. Título.

09-10806   CDD-133.93

Índices para catálogo sistemático:
1. Pretos-Velhos: Mensagens espirituais
psicografadas: Espiritismo   133.93

CAI JOÃO

TÍTULO	Pai João
AUTOR	Robson Pinheiro
EDITOR E NOTAS	Leonardo Möller
PROJETO GRÁFICO E EDITORAÇÃO	Andrei Polessi
	Fernanda Muniz
REVISÃO	Laura Martins
IMPRESSÃO E PRÉ-IMPRESSÃO	PlenaPrint
FORMATO	16 x 23 cm
NÚMERO DE PÁGINAS	256
ISBN	978-85-87781-37-6

COMPRE EM VEZ DE FOTOCOPIAR. Cada real que você dá por um livro possibilita mais qualidade na publicação de outras obras sobre o assunto e paga aos livreiros por estocar e levar até você livros para seu crescimento cultural e espiritual. Além disso, contribui para a geração de empregos, impostos e, conseqüentemente, bem-estar social. Por outro lado, cada real que você dá pela fotocópia não-autorizada de um livro financia um crime e ajuda a matar a produção intelectual.

OS DIREITOS AUTORAIS desta obra foram cedidos gratuitamente pelo médium Robson Pinheiro à Casa dos Espíritos Editora, que é parceira da Sociedade Espírita Everilda Batista, instituição de ação social e promoção humana, sem fins lucrativos.

CONFORME O NOVO ACORDO ORTOGRÁFICO DA LÍNGUA PORTUGUESA, RATIFICADO EM 2008.

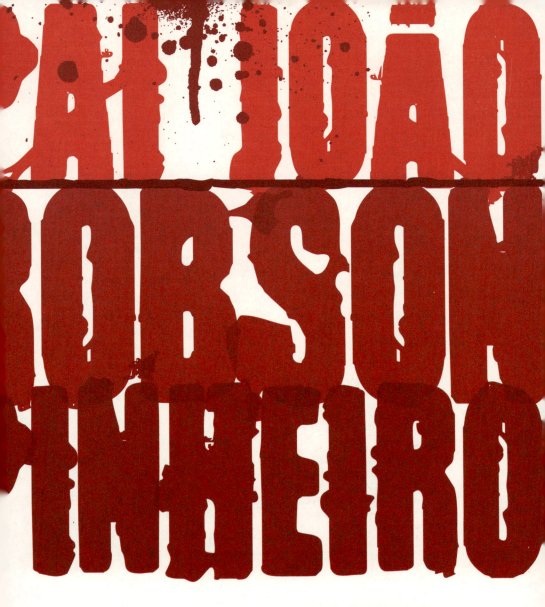

pelo espírito PAI JOÃO DE ARUANDA

> Convertido, por força das circunstâncias, em sacerdote da natureza, desta vez num corpo negro, no ventre da África, conheci de perto o canto dos escravos ao adentrar os porões dos navios negreiros. Era o choro e o lamento daqueles que escolheram contribuir para a formação da identidade cultural da pátria brasileira.

Pai João de Aruanda

SUMÁRIO

Apresentação
Pai João de Aruanda | xv

Capítulo 1
Liberdade e escravidão | 24

Capítulo 2
A força do progresso | 32

Capítulo 3
Vitória é saber perseverar e mudar também | 40

Capítulo 4
Programando sua vida e seu mundo | 50

Capítulo 5
Inimigo íntimo | 60

Capítulo 6
Coisas pequenas e importantes | 70

Capítulo 7
Desejos e prazeres | 80

Capítulo 8
Um planejamento para realizar sua felicidade | 90

Capítulo 9
O corpo que você tem é o melhor para você | 102

Capítulo 10
Tudo passa – as coisas são temporárias | 112

Capítulo 11
Será mandinga ou coisa feita? | 122

Capítulo 12
Feitiço mental | 134

Capítulo 13
Os espíritos não resolvem seus problemas | 146

Capítulo 14
Mandinga de preto-velho | 156

Capítulo 15
À espera de um milagre | 166

Capítulo 16
Perfeição: ela existe? | 176

Capítulo 17
Os outros podem errar também – sabia disso? | 186

Capítulo 18
Aprenda com os erros; não se desespere | 196

Capítulo 19
Exigências, fugas e justificativas | 206

Capítulo 20
Ritmo: uma lei a ser respeitada | 216

Capítulo 21
Fidelidade | 226

Epílogo
Experiências seculares, aprendizado atual | 239

APRESENTAÇÃO

PAI JOÃO DE ARUANDA | *por Robson Pinheiro*

PAI JOÃO, ALFORRIA, mandinga, mironga de preto-velho. Talvez essas palavras, usuais nos terreiros e demais ambientes onde se faz presente a cultura negra, não soem muito bem aos ouvidos sensíveis das pessoas acostumadas com o vocabulário mais requintado da atualidade.

Diretamente da senzala para os ouvidos atentos dos *filhos de fé*, expressão típica deste espírito amigo, as palavras de Pai João de Aruanda induzem-nos à reflexão e à reavaliação de conceitos e atitudes. Negro ancião sempre presente em nossas atividades, deixa transparecer nestas páginas singelas o perfil de seu espírito já esclarecido, que prefere se apresentar numa roupagem que incita muitos preconceitos e desafia tradições e padrões estabelecidos no movimento espírita brasileiro. Ainda assim, após sua primeira obra, *Sabedoria de preto-velho*, João

Cobú, nosso Pai João de Aruanda negro como a noite, atreve-se a escrever mais, com coração.

De suas palavras transparece a sabedoria milenar de quem experimentou desde a disciplina dos templos iniciáticos, na Antiguidade, até a chibata do feitor de escravos, nas fazendas de Pernambuco e da Bahia. A riqueza das experiências vividas o fez mais próximo das dores humanas e o liberou do orgulho das academias e das convenções, proveniente de certa reencarnação na América do Norte, na pele do Dr. Alfred Russel.

Arrojado, Pai João não se mostra como um velho, no sentido físico que essa palavra evoca. Robusto, escolhe o aspecto de ancião como forma de atestar a capacidade adquirida durante os milênios de lutas e aprendizado tanto quanto a ancestralidade de sua sabedoria. Sem modismos exóticos ou palavras truncadas, mostra-se lúcido ante os avanços da ciência terrena e faz a opção de trabalhar estreitamente ligado e intimamente comprometido com a ciência da alma ou a alma da ciência, como diz muitas vezes.

Das ervas, raízes e flores, extrai amplo ensinamento, usando-os como elementos de uma metáfora divina na condução de seus filhos espirituais. As mirongas, os segredos e cânticos sagrados se transformam, na boca de Pai João, em ferramenta de crescimento para seus tutelados, demonstrando seu profundo conhecimento acerca da vida do espírito e das questões humanas.

Talvez alguém questione o porquê de sua forma espiritual – negro, escravo, ancião. Pai João esclarece assim preferir, a fim de trabalhar o respeito às diferenças, o amor e a solidariedade aos excluídos, além de lutar contra o preconceito que agrilhoa a alma nos porões obscuros do racismo, do bairrismo e do sectarismo. Rompe os estreitos limites da ignorância em nome da verdadeira fraternidade. De mais a mais, ele mesmo é uma alma cabocla, negra, embora alforriada pela lei divina. É com este aspecto que ele se apresenta – negro como a mãe África, como o sangue do Brasil que corre nas veias brancas, mulatas, indígenas e ciganas, miscigenado no produto de todas as fusões que foram capazes de fazer desta gente brasileira um povo único e, de modo geral, fraterno.

Impossível pensar no panorama espiritual do Brasil sem levar em conta o elemento caboclo, o negro e sua imensa contribuição para a formação cultural e religiosa do nosso país. Assim sendo, o ambiente psíquico brasileiro, certamente bastante distinto da atmosfera espiritual dos países europeus, está singularmente marcado pela cultura dos ex-escravos e amplamente povoado pela raça negra e por seus representantes.

Os tambores, as cantigas, as danças, o ritmo cadenciado e a fala cheia de parábolas, mirongas e mandingas ressoam no panorama extrafísico brasileiro. Como pretender ficar apartado da própria história? Seja nos barracões de candomblé, nas tendas umbandistas ou nos centros espíritas, os representantes espirituais desse povo se apresentam e, apesar do preconceito, velado ou declarado, trabalham. A despeito das limitações impostas pelos encarnados, da incredulidade ou da atitude discriminatória daqueles que defendem a bandeira da pureza, chegam devagar, de mansinho, como a nos dizer que nossa gente já nasceu miscigenada; não somos raça pura – isso existe? – nem pretendemos defender a pureza, seja ela qual for. Somos plurais, cosmopolitas, brancos, negros, índios, vermelhos e amarelos, com a carta da alforria espiritual concedida pelo Cristo.

Pai João é um amigo espiritual presente em todo desafio que a vida nos reserva. Suas palavras trazem sempre fartas lições de sabedoria; suas histórias são como parábolas da vida moderna; seus cânticos e mantras, hinos de exaltação à vida e ao amor; sua aparência negra e anciã, um desafio à forma excludente como temos tratado as pessoas e os espíritos em nossa sociedade. Enfim, Pai João apresenta-se munido de uma experiência ancestral, disfarçado na simplicidade de um velho negro alforriado pela lei áurea da vida.

As palavras que você lê aqui foram escritas com o coração de um ex-escravo. Profundas em seu significado e grafadas num vocabulário informal e contemporâneo, apresentam-se como ensinamentos e reflexões, convites para uma viagem íntima e pessoal ao país das emoções e dos sentimentos. Isso é *Pai João*.

CAPÍTULO 1
LIBERDADE E
ESCRAVIDÃO

LIBERDADE, MEU FILHO, é algo que pode ser compreendido de diversas formas. Mas a liberdade de que muitas vezes vocês falam e que tanto defendem parece ser uma forma de se liberarem dos compromissos assumidos.

A liberdade não é total no mundo chamado Terra. Estamos livres dependendo da compreensão e da consciência que temos desenvolvido ao longo do tempo. Mas, à medida que nos sentimos moralmente livres, ligamo-nos a compromissos, tarefas e ideais que abraçamos naturalmente, em nome do progresso das almas, da comunidade e do mundo. Dessa maneira, nunca estamos completamente livres, no sentido em que muita gente fala por aí.

A liberdade é para o bem, e não para o mal. Entendamos isso. É que o mal – no sentido de desequilíbrio, dos impulsos que dominam o ser e outras coisas semelhantes – acorrenta o homem e o torna dependente, escravo de suas próprias viciações. E essa escravidão é tão intensa, dominando tanto mente como corpo, que o indivíduo subjugado pela viciação e pelo desequilíbrio tem a impressão de que age daquela forma justamente por ser livre, acreditando estar no pleno exercício de sua própria vontade.

Veja como a ação da escravidão mental é hipnótica, meu filho. A situação íntima de sujeição mental disfarçada de aparente liberdade enrijece o homem em suas faculdades anímicas. A razão e o bom senso são prejudicados pela ilusão de soberania e pelo suposto gozo do livre-arbítrio, o que, na verdade, já denota a ação hipnótica da submissão aos sentidos.

É dessa escravidão que nego-velho vem falar e também da necessidade de se libertar da ilusão criada pela hipnose dos sentidos e dos sentimentos. Somente com muito estudo, conscientização e comprometimento profundo com os ideais do Evangelho, meu filho, é que podemos despertar do transe momentâneo e alcançar a alforria espiritual.

A liberdade de que fala nego-velho não se assemelha à liberdade dos animais selvagens que correm em bandos pelas pradarias africanas. Isso não é liberdade; é falta de direcionamento. Falo de uma liberdade de pensamento associada à consciência e ao compromisso com o Cristo. Não um compromisso de natureza religiosa, e sim com os valores que o Nazareno defendeu, atestou e representa. A liberdade de que nos fala o Evangelho é aquela que nos faculta ver a vida, o mundo e nossa própria existência de uma forma mais ampla, justamente por isso ligado ao coração daquele que dirige os destinos da humanidade terrena.

Somos servidores de Nosso Senhor Jesus Cristo, seus auxiliares na transformação do mundo e parceiros na tarefa de redenção das almas. Sendo assim, a liberdade verdadeira é extremamente comprometida com o trabalho de renovação. Não existe liberdade plena, como proclamam alguns, já que estamos e estaremos sempre ligados a um ideal e trabalhando unidos ou submissos ao Senhor da Vida. De duas, uma: ou nos achamos cativos do mundo e daquilo que representa a vida mundana ou servimos ao Nosso Senhor, em regime de parceria. O primeiro caso reserva-nos a hipnose, o deslumbramento e o torpor dos sentidos, oriundos da ilusão em que o mundo material nos faz ingressar – acreditamos ser senhores absolutos de nossa vontade, embora estejamos apenas seduzidos pela ilusão dos sentidos. Na segunda hipótese, servimos ativamente como cooperadores de Jesus. É um serviço voluntário, que abre a visão da alma e promove o ser humano, de tal maneira que a satisfação em servir se completa com a felicidade de se sentir útil na construção do mundo.

Veja, meu filho, quanto são diferentes essas duas formas de liberdade de que fala pai-velho.

A alforria da alma se manifesta no dia a dia; não entra em vigor através de decretos escritos nem está submissa às convenções estabelecidas pela política do mundo. As leis estatuídas pelo homem podem ser interpretadas de acordo com a época, o lugar e a vontade de cada um. Além disso, elas não têm o poder de estimular os indivíduos a agirem, em sua intimidade, de acordo com aquilo que estabelecem. Os códigos e regulamentos humanos não regem a vida íntima, não alcançam as dimensões subjetiva, psicológica e espiritual. Por isso, a libertação verdadeira é a do pensamento e dos sentimentos e só pode ser conquistada mediante o esforço de superação e modificação interior. É alforria que se constitui obra de toda uma vida, e não resultado de uma obediência programada a quaisquer normas impostas e forjadas pela política e pela sociedade dos homens.

E por falar em política, meu filho, é preciso dizer que a política divina – oposta, em seus princípios, à política humana – é baseada no amor, conforme Nosso Senhor falou em seu Evangelho. Pense nisso e perceba quanto temos ainda por caminhar na estrada da libertação verdadeira. A Lei Áurea foi promulgada para que os brancos libertassem os negros, mas o Evangelho e as ideias nele contidas são a carta de alforria para todos os homens, filhos de Deus.

Será que você acha, meu filho, que os negros foram libertos, de fato? Você será ingênuo a ponto de pensar que não existem mais escravos e senhores no mundo atual? É possível acreditar que os preconceitos de raça, cor ou religião não persistem até hoje? Então, como pretender que um decreto qualquer possa estabelecer algo que, por natureza, é conquista da alma?

É bom refletir sobre essas questões, filho, e analisar bem a situação de nosso planeta, da sociedade e de quantos ainda hoje participam desse estado de escravidão mental, social e ideológica.

Ao presenciarmos esse tipo de servidão íntima e social, somos compelidos a meditar um pouco mais sobre a forma de lutar pela liberdade. Pai-velho não fala de passeatas, bandeiras, gritarias ou manifestações populares variadas, que visam a demonstrar uma aparência de preocupação com direitos humanos ou igualdade social, que o mundo ainda está longe de conquistar. Falo, sim, de uma obra de educação do pensamento e dos sentimentos. Mas esse é um processo longo, diário, que nos insere a todos na proposta educativa do Nosso Senhor, expressa em seus ensinamentos.

Não adianta muita coisa fazer passeatas, manifestações políticas ou coisas semelhantes se não investirmos na educação do pensamento e na libertação verdadeira, que é algo mais íntimo e espiritual. A revolução de que precisamos é a da alma, do pensamento, da educação no sentido mais amplo, sem a qual não alcançaremos a alforria e a liberdade tão sonhadas.

CAPÍTULO 2
A FORÇA DO PROGRESSO

O NOVO SÉCULO, meu filho, inicia com uma proposta para que os irmãos de fé considerem o que têm feito de sua espiritualidade. É também ocasião oportuna para avaliar o modo como cada um leva a vida espiritual. Não se fala em atualização? Pois bem, meu filho, é preciso atualizar os conceitos de religiosidade e espiritualidade. A fim de existir, o progresso necessita da constante reorganização dos pensamentos e da maneira de pensar e espera que os filhos de Deus, no caminho da vida espiritual, sigam as pegadas da evolução em todos os aspectos.

Aquela forma antiga de encarar a relação com Deus e com a vida, tradicionalmente ensinada pelas religiões, já caducou há bastante tempo. E tem gente demais que paralisou o pensamento e o cérebro numa maneira ultrapassada de aprendizado espiritual. Há muito que novas ideias têm sido ventiladas no mundo; no entanto, vemos indivíduos cristalizados e endurecidos, como se um bloco de cimento contivesse suas faculdades. Pararam no tempo e prejudicam os outros e a si mesmos com esse jeito medieval de se relacionar com a espiritualidade.

É tempo de sair dos limites dos templos, meu filho, trabalhando em prol da ideia de uma comunidade planetária, global, e não partidarista.

A Terra está dando à luz um novo homem, que ressurge renovado pelas ideias progressistas e que derrubam barreiras engessadas pelo tempo. A crosta espessa formada pelos preceitos antiquados cede lentamente ante a chegada dessa nova geração de seres, que conquista espaço dia a dia no seio da civilização. Aqueles que não se atualizam serão deixados de lado, postos à margem por força mesmo do avanço das ideias e da renovação de conceitos que já ventila o mundo.

Há necessidade de maior diálogo entre aqueles que momentaneamente se acham separados por imposição de diferenças doutrinárias, culturais ou sociais. Observa-se uma crescente aproximação entre as minorias, historicamente rejeitadas e incompreendidas, e a maioria, que durante muito tempo acreditou – e, em alguns casos, ainda acredita – em sua superioridade e exclusividade. Ou seja, os excluídos estão sendo incluídos. Sabe, meu filho, o mundo está mudando. E você? Ainda teima em permanecer o mesmo?

Não é preciso pertencer ao mesmo grupo social, étnico, cultural ou religioso do outro para viver em harmonia e com respeito. Podemos falar linguagens diferentes e, ainda assim, haver entendimento, quando existe amor, respeito, tolerância e diálogo.

Os espíritos que trabalham em nome de Nosso Senhor Jesus Cristo inspiram todo empreendimento e todo avanço que visam eliminar as ideias sectárias e exclusivas, pois os homens precisam se aproximar mais uns dos outros. Em breve os guetos, o bairrismo e as bandeiras separatistas cederão, dando lugar à vivência de uma espiritualidade comunitária e global, em que os filhos de Deus falarão a linguagem da fraternidade.

É o progresso das ideias, meu filho, que paulatinamente liberta o homem dos grilhões que o prendem ao passado e prepara os filhos da Terra para o encontro com os filhos das estrelas. A espiritualidade contempla a diversidade; é plural, comunitária, apartidária; enfim, *inclusiva*.

A mensagem espírita – isto é, *dos espíritos* – auxilia os homens a dilatar sua visão. O momento precioso pelo qual passa a humanidade mostra que é imperioso *ver*, em vez de tão somente enxergar. É necessário sensibilidade para perceber a importância da hora em que vivemos.

Para que violentar o outro, desejando que ele veja as coisas, se comporte ou seja como nós pensamos ou queremos? Podemos optar pelo desarmamento interior, pela pacificação de nossas almas mediante o esforço da convivência pacífica e respeitosa. Como pai-velho disse certa vez, podemos estar unidos sem nos fundirmos um no outro. É possível conservar cada um suas características, embora ligado e unificado ao próximo pelo sentimento do amor, pelo trabalho conjunto e pelo respeito às diferenças.

Sabe, meu filho, a verdade é que somente ao vivenciar de forma aberta essas ideias renovadas é que vocês, seres humanos, poderão transformar a sociedade em que vivem, bem como a política vigente e suas consequências sociais. Só será possível uma transformação intensa e global quando vocês, filhos da nova revelação, deixarem de lado seus pontos de vista pessoais, ainda que respeitáveis, e investirem num diálogo franco e aberto com quem quer que esteja sintonizado com a proposta de progresso, mas que não pensa como vocês. A isso alguns estudiosos do mundo dão o nome de diálogo inter-racial e inter-religioso, que visa encontrar pontos em comum para a vivência de uma espiritualidade produtiva. Mas nego-velho não se refere àquela espiritualidade que fica somente nos livros e frases decoradas ou mesmo dentro dos templos religiosos. Falo da vivência no mundo em bases renovadas, agindo como o sal e o fermento: o primeiro tempera, e o segundo leveda a massa dos filhos da humanidade.

Frequentemente, observa-se nos indivíduos uma tendência de se afastar daqueles que não pensam ou não se comportam dentro de certos padrões. Mas nego pergunta: como estas pessoas se beneficiarão, se são alijadas ou excluídas? Como poderão se modificar ou ser estimuladas a fazê-lo, caso julguem necessário, se não há união, se são segregadas e impedidas de participar de experiências enriquecedoras? Por isso nego-velho reafirma a necessidade de aproximação daqueles que não comungam das nossas opiniões ou não rezam o mesmo catecismo.

Esse gesto significa abdicar do exclusivismo e das verdades absolutas e eternas – tão distantes do ser humano, de toda maneira – para abraçar uma verdade flexível, uma visão pluralista e comunitária. Meu filho estará preparado para isso? Caso não esteja, pense bem, pois essa visão nova é o progresso chegando a passos largos e renovando as fontes do pensamento. Aqueles que permanecerem enferrujados pelo tempo, na vida mental arcaica a que estão habituados, com certeza ficarão para trás na caminhada da vida. A nova geração de homens chega para abalar os alicerces da civilização e criar uma política de fraternidade ampla e cósmica. É a luz da vida a raiar em favor dos filhos do mundo.

CAPÍTULO 3
VITÓRIA É SABER PERSEVERAR, MUDAR TAMBÉM

Por que desperdiçar seu tempo, meu filho? Deus investe a cada dia naqueles que apresentam o coração fértil para as sementeiras da bondade e da vida. O investimento do Alto é constante e pleno de confiança. Reflete a esperança de Deus no homem, a fé de Deus no mundo. Embora tenhamos pela frente imensa estrada a percorrer, notamos que a cada instante chovem dons, concessões, oportunidades e tarefas abençoadas. Não podemos desprezar ou ignorar quanto temos sido agraciados, sob pena de perdermos a colheita farta que se avizinha, além da chance honrosa de servir em nome do eterno bem.

Nós, os espíritos, sabemos da gravidade da hora em que vivem os habitantes da Terra, nesses tempos de mudança pelos quais passa a sociedade humana. Mas sabe de uma coisa, meu filho? Você não está sozinho neste caminho. Por isso, filho, não há razão para ficar indeciso no trabalho ou mudando de lugar a cada alfinetada ou obstáculo encontrado. É preciso perseverar na construção do reino interior e na semeadura no solo dos corações. Gente que titubeia e não toma posição definida na tarefa fica para trás, mais dia, menos dia.

Todos enfrentamos lutas e desafios, que alguns teimam em chamar de dificuldades. E daí? Estamos mesmo envolvidos na luta pelo aperfeiçoamento de nossas almas e na execução da tarefa que nos foi confiada. Ou será que você imagina que o Nosso Senhor teve privilégios quando viveu aqui, entre os homens?

Tem muita gente por aí que mal encontra algum obstáculo em suas experiências e logo resolve deixar tudo de lado. Interpretam obstáculos como impedimento. Dessa forma, não perseveram, não insistem, desistem ante qualquer problema e, sendo assim, estão sempre mudando, recomeçando. Não dão chance a si mesmos. Querem resultados imediatos, mal tenham iniciado um investimento.

Para qualquer conquista no mundo, temos de saber apreciar os períodos de semeadura, crescimento e amadurecimento para, então, vir a fase de colheita. Nada dá saltos em lugar algum no universo.

Nego-velho nota que muitos de meus filhos ficam amargurados, enquanto outros se mostram preguiçosos ante as possibilidades de lutas para as conquistas pessoais. Tal atitude é lamentável, meu filho, pois assim pensando não se chegará a lugar algum. É preciso amadurecer sua visão do mundo e de si mesmo.

A inveja da vitória alcançada pelo outro faz com que você pense que ele recebeu tudo o que possui de forma privilegiada. Logo, você não consegue ver além daquilo que imagina ocorrer; acredita que alguns obtêm privilégios da vida e não percebe ou simplesmente desconhece quanto tais pessoas silenciosamente lutaram, sem que você soubesse os dramas vivenciados e superados por elas. Do trabalho alheio, você enxerga apenas a melhor parte – o resultado – e, pondo-se a cobiçá-lo, adia suas lutas individuais em busca do sucesso e da vitória.

Inúmeros casos de revolta contra a vida

originam-se do fato de alguns filhos fixarem a atenção naquilo que acontece com a vida alheia, esquecendo-se de semear em suas próprias experiências as sementes do amanhã. No fundo, isso não passa de pura inveja, que muitos de meus filhos alimentam dentro de si.

Como nego-velho afirmou antes, nada no universo dá saltos. A vitória de meus filhos será o resultado de um labor diário, com dedicação, afinco e perseverança na caminhada.

Há, ainda, outro fato interessante, meu filho, de certa maneira oposto àquele que acabamos de comentar. É que muita gente teimosa anda insistindo em um caminho que não é o seu. Nesse caso, precisa adquirir a coragem de recomeçar, de renovar e inovar, em vez de continuar dando cabeçada nas mesmas situações que a vida provou serem inadequadas.

Por exemplo: há quem inicie um empreendimento qualquer, até com certa obstinação, mas não percebe quando chega a hora de modificar a tática, o negócio ou a rota. Enquanto alguns desistem facilmente de sua tentativa, outros teimam em continuar, mesmo que haja sinais inequívocos de que é hora de mudar. Entre esses dois comportamentos extremados, temos de encontrar o ponto de equilíbrio, a fim de não perdermos a oportunidade de colher a vitória em nossas semeaduras.

Tem horas, meu filho, que precisamos alterar nossa rota. Certas vezes, a vida mostra que as coisas não ocorrerão conforme planejamos; porém, podem dar certo sob uma nova perspectiva ou se realizadas de um modo até então impensado. Mesmo assim, tem gente que insiste em perder, devido ao medo de recomeçar. Tanto persistem nas situações derrotistas que não conseguem ouvir a mensagem que a vida lhes traz: "É hora de mudar". O mundo está se modificando, e a vitória, em muitos aspectos, é daqueles que ousam tentar algo diferente em seus empreendimentos.

Portanto, veja bem, meu filho. De um lado, temos o desafio de continuar e perseverar naquilo que elegemos para nós; e, de outro lado, precisamos ter a sensibilidade, o bom senso e a coragem para sabermos redirecionar nossos projetos pessoais quando se fizer necessário. Parece paradoxal? Parece mesmo, mas a vida é isso. É tentativa. Tentativa real e consistente, e não superficial, como vemos às vezes. Você já avaliou que, para estabelecer-se na Terra, a vida tentou, insistiu, perseverou e reinventou-se em inúmeras experiências ao longo dos séculos? Após mais e mais esforços, houve necessidade de adaptações, novos investimentos em matéria de tempo, propostas e ajustes para que o homem e o progresso enfim triunfassem na face do mundo.

Na esfera pessoal, é a mesma coisa. O sábio Salomão, antigo rei dos hebreus, escreveu em suas crônicas que há tempo para tudo debaixo do céu: tempo para plantar e tempo para colher, tempo para derrubar e tempo de edificar.[1] Portanto, podemos pedir a Deus, nosso Senhor,

---

[1] Cf. Ec 3:1-8.

que nos conceda sabedoria para perceber o momento no qual devemos modificar nossa posição, nossa rota e nossa forma de ver as coisas, tanto quanto sabedoria para podermos perseverar no caminho escolhido. Para isso, precisamos desenvolver a percepção espiritual, a visão mais ampla, a fim de captar os sinais de mudança que a vida emite e assim dar novo impulso e nova interpretação àquilo que fazemos e realizamos.

No entanto, não se deixe enganar, meu filho. Muitos acham que a felicidade consiste em ter alguma coisa, em conquistar algo no mundo, e medem sua vitória pessoal pela quantidade de troféus materiais que alcançaram. Não se iluda. O mundo está repleto de gente que, embora cheia de conquistas, encontra-se vazia de felicidade. A pessoa mais feliz não é aquela que tem mais; é a que menos necessidade tem. Por essa razão, aprenda urgentemente a simplificar sua vida e assim descobrirá a felicidade verdadeira – disfarçada de simplicidade.

Em meio a tantas lutas pela conquista da

vitória e da liberdade, perde-se muito da simplicidade. Há pessoas, meu filho, que se rodeiam de coisas, de regalias ou de situações que apenas encobrem sua solidão, inventando ocupações para não enxergar quanto são ou estão infelizes.

Nego-velho pensa que devemos, sim, lutar pela sobrevivência, pela plenitude de nossas emoções e sentimentos e pelo progresso material. Contudo, é vital nos precavermos para que nossas lutas não se constituam em disfarce de um coração infeliz e solitário. Se havemos de conquistar algo na vida, meu filho, que seja o sentimento de satisfação.

Certa vez um negro cativo, revoltado com sua situação, resolveu reclamar alforria a seu senhor. Evidentemente, a sociedade da época ainda não comportava um negro alforriado, pois não havia lugar para os negros naquela sociedade. Os anos se passaram até que, dada a insistência do escravo, o senhor resolveu lhe fazer uma proposta. Concederia a ele a carta de alforria desde que, imediatamente, deixasse a fazenda onde morava e aprendesse a viver em meio à sociedade dos brancos. Assim se passou. O negro saiu contando vitória para seus irmãos de cativeiro e lá se foi para gozar da liberdade tão requisitada por sua revolta. Menos de um ano se passou, e o negro voltou para pedir ao seu antigo senhor que o recebesse como o menor de todos os escravos.

"Por quê?", talvez perguntem meus filhos. A resposta é simples: é que ele não havia pensado direito o que fazer com sua liberdade. O mundo naquela ocasião, e a sociedade brasileira em particular, não estavam preparados para a convivência pacífica com o negro forro. Fora da fazenda onde vivia, o ex-escravo não encontrou oportunidades de trabalho que não fosse a mão de obra escrava. Além disso, ele não sabia se comportar como um ser livre e não programou sua vida para o exercício da liberdade. Faltou-lhe oportunidade de trabalho remunerado, faltou-lhe alimento, faltou-lhe reconhecimento. Faltou programar o que fazer de sua vida.

Isso poderá ocorrer com qualquer pessoa, branca ou negra, quando não organizar sua ação para exercer a liberdade e a cidadania. Poderá acontecer com qualquer um que não se organizar mental e emocionalmente para viver aquilo que chamam felicidade.

Porém, você pode programar sua vida, meu filho. Imagine que Deus o colocou no mundo e, à sua disposição, deu-lhe um corpo perfeito. Tão perfeito que, no momento necessário, ele apresenta em sua estrutura as características que são indispensáveis para seu aprendizado.

Agora, meu filho, espero que saiba que você

não é o corpo. A grande realidade é que nós somos espíritos, consciências ou inteligências. E, considerando a totalidade de suas vidas, o corpo reflete a programação registrada no cérebro.

E o cérebro? Ele é apenas um órgão que aceita as ordens que você, espírito e consciência, imprime em suas estruturas. Você é o programador de seu próprio cérebro, o condutor e diretor de tudo o que ocorre em seu corpo. Como diz um amigo espiritual, o cérebro físico pode ser comparado a um computador feito de nervos e material biológico. Ele obedece fielmente àquilo que você determina e age estritamente segundo as informações com as quais você o alimenta.

Levando em conta essa realidade, meu filho, você pode vislumbrar a importância do pensamento para a programação de sua vida e de sua felicidade. Se você porventura acorda mal-humorado, sem organizar-se intimamente ou insatisfeito com qualquer situação que esteja vivenciando ou tenha vivenciado, instantaneamente o cérebro registra a informação ou instrução. A partir daí, não somente o corpo, mas também as coisas a seu redor refletirão a ordem de insatisfação que o cérebro recebeu. Durante todo o dia, cada acontecimento se manifestará como um fator de reafirmação do comando inicial.

Nego-velho não está falando nada de novo com isso... A ciência dos homens já sabe dessas coisas há muito tempo. De qualquer forma, reflita um pouco mais sobre esse tema, meu filho. Se seu pensamento é responsável pela maneira como o cérebro administra seu corpo e pela interpretação dos eventos em seu cotidiano, não seria apropriado que vocês atentassem mais para a qualidade de seus pensamentos?

Levantar-se pela manhã e lançar-se ao labor da vida, à correria de suas experiências diárias sem um momento de preparo interior ou de prece é um gesto, no mínimo, imprudente ou desastrado.

Há pessoas que apenas acordam, isto é, voltam para dentro do corpo, após o repouso do sono, e não concedem ao cérebro – que ficou "vazio" de pensamentos por um período mais ou menos longo – o tempo de assimilar novamente as ordens do espírito com o equilíbrio e o direcionamento desejáveis. Despertam, pulam da cama e imediatamente ganham mundo para viverem suas experiências. Que determinação ou orientação foi impressa no cérebro num caso como esse? Obviamente, desorganização, urgência, estresse, ansiedade e irresponsabilidade. É lógico esperar, meu filho, que, durante o transcorrer do dia, tais pessoas se sintam oprimidas, insatisfeitas e, ao término de sua jornada, ao retornar a casa, encontrem frustração, pois veem que correram muito sem realizar coisas realmente proveitosas.

Nesse caso, a mente programou o cérebro automaticamente para a desordem. O cérebro obedece, e, daí em diante, você já sabe como ocorre.

Sendo assim, tanto ao iniciar o dia como ao chegar a seu termo, na hora de repousar, que tal dar um tempo para que seu espírito imprima nas células nervosas as imagens e mensagens que você deseja ver em seu cotidiano? Uma prece, apenas um breve momento de tranquilidade ou de meditação, já será o suficiente para o início de experiências mais agradáveis.

Prosseguindo em nossa análise, repare o seguinte, meu filho: se os pensamentos influem tanto na interpretação dos fatos da vida, imagine o poder de suas emoções!

Os cinco sentidos são portas abertas para captar as impressões do mundo; entretanto, as emoções reafirmam a ordem mental e realçam qualquer situação interna que você porventura esteja vivenciando. Veja bem, meu filho, o que ocorre. Uma circunstância ou um evento qualquer da vida pode parecer trágico para você e ser realçado ao máximo em sua intensidade e suas consequências. Isso tornará seu dia um inferno particular. Suas emoções, contudo, ajudam a dar um novo colorido a tal acontecimento. Nego-velho falará disso mais adiante, com mais detalhes. Porém, considerando o que já vimos, nesse caso particular você poderá reagir de forma a se sentir infeliz, doente ou à beira da morte, a depender da forma de interpretar as coisas que lhe chegam através dos seus sentidos. A mesma ocorrência, vista por um terceiro, poderá ainda receber tratamento bem diferente.

Todos nós precisamos aprender a nos conhecer melhor. Quem sabe possamos modificar esse programa que fizemos para nossa vida? Pensamentos e emoções de qualidade darão maior excelência às nossas experiências.

Sejamos menos dramáticos em nossa forma de avaliar os fatos e as notícias que chegam a nós. Desenvolvamos a capacidade, meu filho, de ver tudo com naturalidade e assim compreender melhor as mensagens que estão estampadas nos acontecimentos. Dramatizar as coisas não resolve absolutamente nada.

É necessário também que aprendamos os segredos da programação cerebral. Harmonia nos pensamentos, suavidade nas emoções, tranquilidade nas ações e reações talvez sejam maneiras de você se libertar do mal-estar, da insatisfação, da infelicidade, assim como do sentimento de derrota, para, enfim, tomar posse da vitória que lhe pertence.

Não se contente, meu filho, com a angústia, nem se conforme ou se habitue ao fracasso e ao pessimismo. Trabalhe, ore e confie para que seu corpo, sua vida e suas experiências sejam o melhor possível.

Como está você, meu filho? Já se deu conta de que a vida está passando enquanto você reclama de dificuldades, infelicidades e insatisfações?

Nosso estado de saúde íntima, meu filho, é o resultado de nossa programação mental e emocional. O que está a seu redor, seja mau ou bom, é apenas a realidade criada a partir de suas próprias emoções, cujo reflexo também indica tudo aquilo que o incomoda no mundo.

Antes de entrar em contato com uma nova informação, você crê, alimenta diversas crenças particulares, construídas a partir de sua história até aquele instante. Assim, ao examinar um fato novo, ele se soma às suas convicções e a quem você é, o que acaba por provocar, em seu interior, a elaboração da sua visão pessoal, que geralmente é tida como a verdade acerca daquele episódio. A seguir, e somente então, sua mente projeta no mundo exterior essa ideia a respeito do ocorrido – a qual pode ser bem próxima da realidade ou bastante distante dela. Os homens do conhecimento, mesmo em meio a meus filhos, já falam dessas coisas que nego aprendeu.

Portanto, quando você acredita firmemente que há algo errado, meu filho, seu sistema orgânico, emocional e mental forja essa crença particular de tal maneira e com tal intensidade que impede você de ver outra coisa, a não ser aquilo que crê existir.

Quer ver? Você se levanta pela manhã acreditando que seu dia será um fracasso, que o sol não brilhou como você queria e que a chuva lá fora estragou ou vai estragar seu dia. Pinta a realidade de forma cinzenta. Naturalmente, o cérebro vai interpretar tudo de acordo com a crença imposta, e realmente, meu filho, o dia vai ser um drama de proporções compatíveis com as emoções que impingiram em seu cérebro a visão dramática que você teima em sustentar.

Para outra pessoa, situação idêntica à que você crê incômoda ou geradora de infelicidade pode significar algo maravilhoso ou uma experiência única.

Na época do cativeiro, muitos negros, diante do inevitável – mas temporário – exercício da escravidão, lançaram-se à revolta, à vingança e passaram a vida a lamentar-se da situação a que foram conduzidos para a reeducação de suas almas. Outros, diante da mesma realidade, compreenderam imediatamente que não adiantava, naquele momento, lutar contra o inevitável. Tentaram, assim, tirar proveito da situação. Investiram no trabalho, embora continuassem sendo escravos; aperfeiçoaram seus dons e aprofundaram-se naquilo que já conheciam. Alguns negros, certamente influenciados por sua afinidade com a natureza, tornaram-se indispensáveis a seus senhores, em virtude de haverem se especializado no manuseio de plantas e ervas medicinais, beberagens e todo o conhecimento iniciático que conquistaram. Eram os médicos naturalistas mais experientes que se conhecia, naqueles tempos em que o serviço público de saúde escasseava ou praticamente inexistia.

Ao aproveitarem a oportunidade para o

aprimoramento de alguns aspectos de suas habilidades, granjearam respeito e, consequentemente, usufruíram de certas concessões oferecidas por seus senhores. Ou seja: transformaram a experiência dolorosa da escravidão em trabalho útil, traduzindo em qualidade aquilo que sabiam fazer. Por certo ainda permaneceram cativos por muito tempo, mas, ao contrário dos outros, revoltados e insatisfeitos, extraíram da dor a riqueza possível e tiveram, com isso, maior liberdade de ação entre seus irmãos. Conquistaram, através do respeito e do trabalho, benefícios e melhores condições diante da comunidade com que conviviam e, mais ainda: tornaram-se indispensáveis para aqueles que se diziam seus donos. Mais bem tratados que os demais, gozavam de certas regalias, inclusive da possibilidade de ir e vir, pois os senhores conheciam sua dedicação e confiavam que não haveria fuga, pois aqueles negros tinham demonstrado fidelidade a eles.

Porventura eram melhores que os demais? Será que receberam da vida privilégios negados aos outros? De forma alguma, meu filho. O fato é que tais escravos, por certo espíritos mais experientes, resolveram adotar a atitude de extrair o melhor que a situação tinha a oferecer. Com resignação, mas sem conformismo, aceitaram o que a vida lhes outorgava naquele momento e procuraram olhar para aquele quadro com otimismo, à busca de alternativas. De posse dessa mentalidade pacificadora – que não faz combater com a vida, mas a tem como aliada –, acreditaram que era possível ver a escravidão como uma chance de se melhorar. Investiram de modo lento e persistente no aperfeiçoamento próprio e de suas faculdades ou, dito de outro modo, dedicaram-se a aumentar mais e mais a qualidade daquilo que sabiam fazer. Resultado: a vida recompensou seus esforços, proporcionando-lhes reconhecimento, e novas perspectivas se abriram para eles em sua comunidade.

Exemplos assim nos fazem repensar largamente nossas atitudes. Nego-velho vê que muita gente sofre antes de o problema se apresentar.

Criam uma imagem negativa e sofredora a respeito das questões mais simples do cotidiano e inventam um inferno particular para se queimarem, de dor e revolta, em suas chamas. Há casos em que certas pessoas "morrem" antes mesmo de a morte chegar, só para depois descobrirem que todo o sofrimento era produto de suas próprias crenças equivocadas acerca dos fatos, das pessoas e das circunstâncias. Quando ocorrem casos iguais a esse, em que a mente constrói uma realidade de sofrimento, o cérebro logo interpreta a mensagem como verdadeira e trata de transformá-la em algo palpável, embora somente o indivíduo que gerou tais ideias perceba as coisas de forma trágica.

Essa situação, meu filho, é o verdadeiro cativeiro da alma, da mente e das emoções. Você permanece prisioneiro daquilo que acredita e das criações mentais que causam desilusão, dor e sofrimento. Tem cativeiro pior do que esse? Nem no tempo da escravidão, quando nego-velho chorava e trabalhava debaixo dos desmandos dos feitores, havia tanto sofrimento quanto aquele que é gerado pela mente do homem quando acredita na desgraça, no fracasso e na derrota de si mesmo. Para esse tipo de cativeiro, meu filho, não adianta decreto, seja assinado pela Princesa Isabel ou por quem for. Nem mesmo um decreto assinado pelo Cristo com seu próprio sangue seria capaz de libertar meus filhos, se cada um não modificar conceitos e imprimir novo rumo às suas emoções.

A emoção interpreta os fatos que ocorrem a nosso redor ou dentro de nós de modo a dar cor e sabor àquilo que acontece no mundo. Se suas emoções estiverem comprometidas com essa visão mental de autopiedade, meu filho, transformando-o em coitado e boicotado em sua própria felicidade, então tudo o que o rodeia será colorido de acordo com esse estado. Por outro lado, se você resolve assumir sua posição na vida, dar a volta por cima e enfrentar os problemas, tendo-os na conta de desafios, e não de obstáculos para sua felicidade, suas emoções transformarão a mesma paisagem em algo mais atraente. Você encontrará mais sabor nas lutas e, dessa maneira, não se sentirá derrotado ou impedido de ser feliz. Tudo o que houver será considerado teste de paciência ou chance de aprimoramento, como um desafio para desenvolver capacidades, competências e alcançar maior realização interior.

Por isso, meu filho, pare de se lamentar e erga a cabeça para o alto. Avante! Não seja o arquiteto de sua própria infelicidade nem alimente seu cérebro com imagens e programas de pessimismo.

Acreditar na própria derrota, convencer-se de que as coisas estão erradas e, ainda, que você não merece a situação ou realidade a seu redor é algo que se mostrará desastroso para você. Passe a crer na vida, em novas chances, em renovação e recomeço. Não é tão difícil recomeçar. Mas parece que você tem medo do novo, de aventurar-se, de prosseguir... A vida nos ensina a todos, mesmo aos desencarnados como negovelho, que seguir em frente, tentar novamente e de modo diferente – em suma, recomeçar – é sinônimo de progresso, coragem e genialidade.

Temos de acreditar que é possível; que tudo está certo do jeito que é e que os desafios existem para que os enfrentemos, e não para serem convertidos em rosários de lamentação e lágrimas de autopiedade. Dê às suas emoções nova feição, com vistas a decodificar os fatos da vida de modo menos trágico. Viva com naturalidade e aprenda a apreciar a beleza da tempestade e da chuva tanto quanto a beleza do sol, do dia claro e da brisa suave. Tudo tem seu lado belo e seu valor – cabe a você descobri-los. Depende de você ainda, meu filho, que tons ganharão os eventos e as experiências; o mundo, enfim. Programe-se para a felicidade e o otimismo: nego-velho sabe que vocês podem fazer isso. Não superestime as sombras, as trevas e a escuridão. Aprenda a tirar proveito de tudo com a tranquilidade emocional de alguém que é parceiro da vida.

CAPÍTULO I
COISAS PEQUENAS E IMPORTANTES

O AUGE DA FELICIDADE e da alegria podem ser momentos extraordinários; as dificuldades e os sofrimentos podem ser de uma dor interminável, mas ninguém constrói seus relacionamentos com base em altos e baixos. Nem as melhores e nem as piores coisas são capazes de caracterizar uma relação de felicidade e satisfação. É preciso atentar para as pequenas coisas que transitam entre o pico e as profundezas das experiências pessoais.

Durante a vida física, meu filho, o ser humano encontra vários momentos preciosos para empreender a escalada rumo à felicidade. Os eventos que ocorrem ao longo da caminhada constituem lições de grande valor, muito embora nem sempre sejam catalogados como coisas boas. Mas isso é um problema conceitual, para usar palavra chique. É que meus filhos costumam achar que bom é aquilo que é prazeroso e produz certa euforia dos sentidos, fazendo o corpo e a alma vibrarem e dando a sensação de ter alcançado a felicidade. Contudo, nem todos os incidentes podem ser avaliados sob um aspecto imediatista; há os que demandam tempo para ser devidamente aquilatados por meus filhos. Alguns episódios têm uma conotação incômoda e, às vezes, até mesmo indesejável, à primeira vista. No entanto, com o transcorrer do tempo, o mesmo fato se revela de um valor inestimável para os meus filhos.

No vaivém do cotidiano, geralmente aqueles eventos com os quais meus filhos se alegram e obtêm contentamento deixam marcas bastante nítidas. Representam o ápice das conquistas, alegrias e realizações, isto é, o cume das "felicidades" transitórias. Outras vezes, destacam-se com maior frequência ou intensidade as circunstâncias incômodas, que fazem sofrer e assinalam de maneira vigorosa suas vidas. Embora se sobressaiam de um jeito especial, nego-velho considera esses últimos os momentos mais preciosos para a formação do caráter e da personalidade de meus filhos.

Nos intervalos entre uma e outra ocorrência,

passa-se a vida dos filhos da Terra. Muita gente se deixa hipnotizar, seja com esses elementos perturbadores ou com aqueles de euforia impermanente, presumindo que a vida se resume apenas a isto: navegar em ondas que alternam picos e depressões. Vivem, sem se aprofundar no viver; passam pelos dias, meio anestesiados, meio insensíveis aos apelos de crescimento interior.

Quem se congela nas questões tidas como desafiadoras no campo dos sentimentos – e, por isso, entrega-se ao descontentamento íntimo – costuma desenvolver uma forma de pensar e agir que contamina aqueles que com ele dividem a caminhada. É um pensamento desorganizado pela interpretação da dor, do sofrer e da existência como um todo, a qual se afigura como um mar de lágrimas e lamentações e desconsidera o fator passageiro de todos os acontecimentos humanos.

Outros filhos cristalizam apenas a visão dos momentos de aparente sucesso, no apogeu daquilo que consideram vitorioso, o que, na maioria dos casos, representa apenas conquistas de natureza material e financeira. Pensam que sempre vai ser assim, que as coisas não vão se modificar jamais. Enganam-se. A experiência do viver lhes ensinará aos poucos que tanto esse estado de euforia dos sentidos quanto o modo como encaram tais realizações são passageiros.

No campo dos relacionamentos humanos, meu filho, as situações se alternam de maneira semelhante. Nego-velho chama a atenção para a necessidade de desenvolver um olhar mais abrangente sobre o cotidiano, as experiências da vida e os acontecimentos que delineiam a existência. Tudo é transitório e passageiro no mundo chamado Terra. E, por mais paradoxal que pareça, devemos atentar para o seguinte fato, meu filho: em nossos relacionamentos diários, as grandes conquistas não estão configuradas pelos momentos de pico ou depressão energética e emocional. Os eventos que balizam o dia a dia, sob essa ótica, não são os mais importantes. As coisas realmente preciosas e proveitosas estão nas pequenas ocorrências que transitam entre uma e outra posição. Isto é: nas pequenas coisas, nos mimos insuspeitos e nas ações triviais que às vezes passam despercebidas.

Para se construir uma relação de simpatia, amizade ou amor verdadeiros, assim como para se obter prazer e satisfação na vida, temos de levar em conta o caminhar, a vivência diária e o cultivo de cada detalhe. Desse modo, não nos perderemos na euforia passageira ou no pessimismo embriagante das horas difíceis. As vivências que se passam entre os extremos são mais valiosas do que os grandes acontecimentos em si.

Nego-velho nota quanto as pessoas andam preocupadas em atingir a vitória plena e a felicidade completa, ou então em sair das situações de aflição em que se encontram. Porém, esperam algum passe de mágica por parte de Deus e dos bons espíritos para realizar por elas desde as questões mais simples às mais complexas. Querem um sistema substitutivo, e não de parceria. Aguardam que os espíritos as substituam em suas lutas e reservem a elas apenas a colheita dos resultados, sem semeadura ou trabalho feitos com esse intuito.

Em qualquer relação, meu filho, é preciso observar os detalhes, as coisas mais simples, que, se repetidas com a inclusão do coração e dos sentimentos nobres, por certo se tornarão motivo permanente de satisfação.

Um carinho, um afago, um pequeno presente, um beijo ou um simples olhar têm o poder de transformar o panorama íntimo de muitos. Cultivar a dedicação diária aos deveres e o trabalho renovado, ambos alicerçados na satisfação de integrar as diversas fases da semeadura – ou mesmo de compartilhar da esperança na colheita –, fazem com que a espera seja mais saborosa, e a caminhada, muito mais alegre e satisfatória.

As coisas pequenas da vida são, na maior parte dos casos, muito mais importantes do que aquelas vistas como grandes. Dizemos muito mais pelo exemplo discreto e silencioso do que pela eloquência de mil palavras. Assim, o trabalho comezinho do dia a dia, feito com alegria, respeito e dedicação, pode ser uma das maiores fontes de felicidade da Terra. Precisamos aprender, meu filho, a dar maior valor às pequenas coisas do cotidiano.

Deus não espera que realizemos muito em nossas experiências. Ele sabe quanto nos falta ainda percorrer na estrada do aperfeiçoamento para que possamos retribuir à vida na medida exata do investimento que foi feito em nós. Espera-se tão somente que cada passo dado seja compreendido, vivido com alegria, palmilhado com satisfação. Se não encontramos sementes de felicidade nas coisas mínimas e pequenas, de modo algum saberemos valorizar o somatório dessa felicidade quando se configurar na forma da vitória final.

É necessário saborear a caminhada, mesmo que ela não seja aquilo que desejávamos. É essencial perceber cada detalhe e dar a ele o valor exato, colocando vida e intensidade nas mínimas questões. Deixar-nos envolver pelos detalhes nos fará mais capazes de usufruir o total, a completude daquilo que almejamos.

Esses conceitos nos fazem meditar também sobre a espiritualidade nossa de cada dia, não é, meu filho? Dissociamos as questões materiais das espirituais e estabelecemos que ambas não podem conviver pacificamente na mesma dimensão de nosso existir. Essa dicotomia aparente, sustentada por uma visão equivocada, faz-nos sofrer e reproduz certos sentimentos de insatisfação. Um dia haveremos de entender, meu filho, que cada detalhe de nossa existência está preenchido de tal intensidade espiritual e de tamanha espiritualidade que não conseguiríamos mensurar. Tudo é espiritualidade no mundo. Nosso aprendizado em busca da felicidade inclui a descoberta da espiritualidade nas pequenas coisas que realizamos e experimentamos.

Quando meus filhos acordarem para essa realidade intrínseca à própria vida, quem sabe não estarão aptos a vivenciar mais amplamente aquilo que denominam felicidade? Os detalhes de cada situação, de cada ocorrência, de cada gesto são o universo em si, prisioneiro nos segundos que vivemos. Se não vivermos as pequenas coisas e se não as rechearmos de amor, carinho e contentamento, em vão buscaremos os grandes feitos e os picos de satisfação, que hipnotizam as massas. Caso não vivamos cada uma das situações do cotidiano como se fossem as mais importantes para nós, não aprenderemos a nos livrar, de maneira elegante, daquelas situações que tachamos de aflitivas.

Precisamos entender, meu filho, que absolutamente nada ocorre em nossas vidas sem que Deus Nosso Senhor saiba ou administre a situação com vistas ao nosso eterno bem. Tendo por base essa constatação, aproveitemos o orvalho, o pólen, a gota de chuva, a lágrima ou o aroma que quase passa despercebido de nossos sentidos. Apreciemos o detalhe, o charme e a elegância de cada passo. Deus está nisso também.

A VIDA É FEITA DE pequenos prazeres que se somam e se transformam em algo maior, a que chamamos felicidade. Os desejos emergem do fundo da alma e têm a ver com nossas tendências, vontades e vivências, que chegam à superfície do psiquismo envolvidas em emoções.

Quando meus filhos adentram a vida espiritual e iniciam a caminhada em direção ao descobrimento de si mesmos, trazem muitos conceitos que merecem revisão. Entre estes, pensam que obter prazer ou satisfazer seus desejos seja incompatível com a busca pela espiritualidade. Dessa forma, nego-velho encontra muitos filhos angustiados, aflitos ou desajustados emocionalmente devido ao fato de se podarem, castrarem as emoções ou engessarem seus desejos, emparedando-os dentro de certos limites traçados pela vivência religiosa.

Meus filhos não percebem que essa atitude não tem nada de espiritualidade? Atitudes castradoras soam como autopunição, e não como sinal de espiritualidade. E isso é falta de amor a si mesmo. Sofrem durante muito tempo por não compreender seu papel na vida e, mais ainda, por achar que Deus nutre determinada expectativa, a qual não se sentem aptos a atender. Deus não é covarde, meu filho. O pai conhece muito bem seus filhos, e o investimento do Alto não anula a humanidade de cada um de vocês.

Pai-velho presencia diariamente pessoas se entregarem ao desgaste emocional acreditando viver experiências místicas ou devocionais. Mas tais vivências, que anulam os sentimentos e maltratam as emoções através de proibições descabidas, trazem somente sofrimento e produzem religiosos revoltados, com o brilho dos olhos apagado e com mágoas geralmente externadas entre os seus companheiros.

Esses indivíduos precisam aprender a ver o aspecto espiritual da vida como algo que não está divorciado de seu cotidiano. Nosso Senhor Jesus Cristo falou que aquele que o segue terá cem vezes mais nesta vida e mais a vida eterna.² Portanto, meu filho, aprenda de uma vez por todas que a espiritualidade é para ser vivida aqui e agora. A eternidade é aqui, e a felicidade deve começar agora. Não aguarde a morte do corpo para então usufruir de uma felicidade para a qual você não se preparou. É preciso começar o ensaio para ser feliz já neste mundo! Assim, sua vida será muito mais intensa e prazerosa, e você poderá oferecer uma contribuição de qualidade para a renovação do mundo.

Como as outras pessoas interpretarão a vida espiritual se veem você cabisbaixo, amargurado e insatisfeito consigo mesmo? Acha que se sentirão atraídas pela verdade que você professa vendo-o assim, mal-resolvido emocionalmente e infeliz, devido às proibições que impõe a si mesmo? Você e os religiosos em geral precisam rever o modo como apresentam a espiritualidade.

Quando nego-velho fala em viver plenamente as emoções, não quer com isso induzir

---

² Cf. Mt 19:29; Mc 10:30.

ninguém ao desperdício de energias nas experiências lamentáveis que vê serem difundidas por aí. Nego fala em enfrentar-se e ter a coragem de admitir seus desejos, vivendo e permitindo-se sentir prazer naquilo que faz – o prazer da vida, aquele que meu filho experimenta quando aprende a apreciar as coisas boas que o mundo tem.

O planeta Terra tem muitas experiências maravilhosas para serem vividas por seus filhos. Jesus, Nosso Senhor, não falou que "O reino dos céus é semelhante ao fermento que uma mulher toma e introduz em três medidas de farinha" – isto é, mistura à massa – "até que tudo esteja levedado"?[3] Ora, isso equivale a dizer que seus seguidores, representantes fiéis do reino dos céus, do Evangelho e de sua mensagem, são o fermento com o qual a massa levedará! Mas

---

[3] Mt 13:33 (semelhante em Lc 13:21). Todas as citações bíblicas foram extraídas da BÍBLIA de Referência Thompson. São Paulo, SP: Ed. Vida, 2004. Tradução contemporânea de João Ferreira de Almeida.

como fazer crescer a massa se meu filho se retrai, cheio de pudor e medos, sem se envolver com a sociedade para promover qualidade em torno de si? Quem ama se envolve, meu filho. E a massa da humanidade está carente de qualidade. É por este motivo que você foi chamado a viver no mundo: para transmitir tanto a mensagem de otimismo quanto a ideia de que é possível viver a vida com prazer, alegria e satisfação – porém, de maneira honrada, não castradora nem punitiva, como alguns religiosos teimam em mostrar a vida espiritual.

Aqui e agora é o lugar para começar a ser feliz, sentir-se feliz e obter prazer em viver. Não espere, meu filho, que a vida termine, que o mundo acabe ou que o fim chegue. Inicie já seu processo de busca da felicidade, procurando encontrar o céu ou construí-lo nas coisas do cotidiano. Não pense que o prazer físico ou a satisfação emocional sejam contrários à vida espiritual.

Nego-velho espera que meu filho possa rever seus conceitos e ter as emoções, os prazeres e os desejos na conta de parceiros, aliados na busca por realização. Caso esses mesmos desejos e prazeres não se mostrem tão amigáveis, provocando sentimentos de intolerância consigo mesmo, então meu filho precisa não é dos conselhos de nego-velho – mas de um bom terapeuta, que possa acompanhá-lo num tratamento mais intensivo. Transforme os tais fantasmas do prazer e do desejo em auxiliares da alma na escalada rumo à espiritualidade. Utilize do charme, da elegância, da sedução através das palavras bem elaboradas, do pensamento bem orientado e não veja isso como pecado ou desequilíbrio. Considere que, se Deus fez você assim e com todo esse conteúdo, é porque poderá utilizar tudo que possui com o objetivo de ajudar você e o mundo em sua vivência espiritual.

O que ocorre com inúmeras pessoas religiosas é que se sentem imensamente inferiores ou indignas da felicidade. Em virtude disso, entregam-se a trabalhos árduos, esgotam-se em tarefas que alegam ser de caridade e submetem-se a longos períodos vivendo em função do próximo, em detrimento de si mesmas. Tal atitude pode até se assemelhar a religiosidade, mas está longe, muito longe de ser espiritualidade.

Eis por que nego-velho não se cansa de incentivá-lo, meu filho, a viver a vida preenchendo-a de qualidade em tudo o que fizer, sem se maltratar internamente em sua caminhada. Não adianta você se sujeitar a uma vida de privações emocionais e, com isso, sentir-se machucado por dentro; não adianta pregar a não violência e se violentar no campo das emoções. Portanto, filho, viva com a elegância que você merece e usufrua da felicidade de ser irmão e representante de Jesus, Nosso Senhor.

Atitudes mesquinhas com relação a si mesmo não resolvem seus problemas internos. Baixar a cabeça, destilar amargura e enclausurar-se entre as paredes de uma falsa ideia religiosa não trarão a satisfação esperada – nem enganam nenhuma pessoa, a não ser você mesmo. Tenha a coragem, meu filho, de erguer a cabeça, experimentar coisas novas, inovar, mesmo diante do comodismo até então tolerado. Com atitudes diferentes, você poderá retemperar suas emoções – e, ao manter-se ligado à fonte divina do bem, estará ao abrigo daquilo que se costuma ver como desequilíbrio.

Contudo, nego-velho quer chamar sua atenção para o fato de que existe vida além desta vida. Viva, sim, com alegria, otimismo e obtenha prazer naquilo que realiza, mas não esqueça que você é um espírito eterno. Embora nem sempre seja possível prolongar o prazer de certos eventos ou acontecimentos de sua vida, tenha a certeza de que, para além dos limites permitidos na exploração de tais experiências, existe mais vida ainda.

Aprenda a entrar no campo da vida espiritual, considerando que aquele que caminha com você, meu filho, é tão humano e carente quanto você mesmo. Não espere de seu companheiro de jornada atitudes e vivências santificadas, pois nem ao menos você está preparado para tal coisa. Seja apenas humano e compreenda que, no planeta Terra, todos somos humanos, tão somente humanos.

CAPÍTULO 1

UM PLANEJAMENTO PARA REALIZAR SUA FELICIDADE

MEUS FILHOS COSTUMAM presumir que as pessoas realizadas, felizes ou com sucesso na vida já nascem assim, prontas. Mas há grande engano nessa forma de pensar. Ninguém no mundo nasce pronto ou realizado. Tudo o que somos ou possuímos é resultado de trabalho e empenho, mesmo que ninguém saiba de nosso investimento individual ou esforço permanente.

Outros, ainda, julgam que as pessoas infelizes são predestinadas à infelicidade ou que, então, já nascem assim. É outro engano.

Os que são classificados como felizes em seus empreendimentos, meu filho, são indivíduos que se permitiram viver vitoriosamente. Adotaram determinada forma de ver a vida, e suas atitudes apenas intensificam e reafirmam seu estado de espírito. A vitória, sob todos os aspectos, é um estado de espírito, que pode ser cultivado, incentivado, mas jamais creditado na conta de quem não se esforçou.

Situação equivalente ocorre com aqueles que se sentem derrotados pela vida ou com aqueles cujos investimentos de qualquer espécie não correspondem àquilo que geralmente designariam como vitória ou sucesso. Essas pessoas, meu filho, vivem um estado íntimo de pura derrota; procuram em todas as coisas boas um motivo frustrante ou uma característica negativa. Não acreditam em si. Caso ousem empreender algo, já o realizam com dúvida, de modo que começam derrotadas pelas próprias crenças. As atitudes de quem vive assim apenas confirmam um estado de espírito preexistente, que, por sua vez, é reforçado com sucessivos fracassos. São formas de agir que gradativamente boicotam o próprio ser, pois fazem realçar o quadro mental pessimista, negativo ou de derrota íntima.

Para que qualquer negócio dê certo é preciso planejamento; é essencial traçar uma estratégia que permita a concretização das etapas, uma a uma. E lembre, meu filho: qualquer projeto que você empreender em sua vida é como fazer um negócio ou vender uma ideia. Porém, caso não venha acompanhado de um plano bem elaborado, não há como dar certo. Trabalhar por trabalhar, erraticamente, não traz sucesso a ninguém.

Passe a observar: aquelas pessoas que você admira, dotadas de sucesso profissional, financeiro ou espiritual, planejam suas ações de forma minuciosa e desenham uma estratégia para concretizar seu planejamento. Mesmo a vida espiritual ou emocional de meu filho requer um plano de ação; do contrário, você ficará à deriva, indefinidamente.

Vamos analisar um exemplo. Quando Deus Nosso Senhor fez o mundo, houve um divino planejamento. Se reparar bem, todas as coisas no universo guardam em si certo mapa de ação, que qualquer observador atento poderá descobrir. Os átomos, como a ciência de meus filhos sabe hoje, têm a mesma configuração dos astros que voluteiam no espaço – ou seja, tal a realidade dos mundos no espaço, tal a realidade das coisas simples e pequenas da Terra. Isso mostra a existência de um plano diretor, de uma estratégia utilizada pelo Criador para a realização da vida no palco do universo. Do ponto de vista mitológico, esse sentido de organização está também registrado nas histórias das mais diversas culturas, inclusive no mito judaico-cristão de Adão e Eva. Ao descrever a criação do mundo em sete dias, seis de trabalho e um de repouso, pode-se entender que o *Gênesis* quis transmitir que a tarefa foi dividida em etapas. Note-se ainda que a sucessão de eventos obedece a uma sequência coerente e a um planejamento – iniciando pela criação dos céus e da terra, logo a seguir, da luz, e assim por diante –, seguido por avaliações periódicas, que ajudam a estabelecer os passos seguintes. "E viu Deus que isso era bom"[4] é uma sentença repetida algumas vezes. Vale a pena reler o mito bíblico buscando o sentido espiritual oculto em suas linhas.[5]

---

[4] Gn 1:18.

[5] Somando-se a esse esforço de Pai João, em busca de uma leitura do ensinamento espiritual por trás de histórias e mitos fundamentais à sociedade contemporânea, de modo que seu sentido principal não

Que podemos extrair disso tudo, meu filho? Sem dúvida, o mundo à nossa volta deixa patente que há necessidade de se fazer um planejamento e de se ter uma estratégia para alcançar qualquer objetivo que seja. Por que motivo seria diferente com você, que está procurando realizar sua felicidade?

Nego-velho quer dizer que planejar significa organizar as ideias, definir o que você deseja da vida e deixar muito claro para si mesmo o que pretende em sua busca pelo sucesso ou pela vitória. Isso vale para tudo o que você tem em mente, tanto com relação à vida espiritual quanto com relação aos aspectos materiais e emocionais de sua existência. A estratégia, por outro lado, refere-se à maneira como você realizará

---

se perca em meio à interpretação demasiadamente religiosa, é que o mentor Zarthú, o Indiano, escreve o livro *Superando os desafios íntimos* (PINHEIRO, Robson. Pelo espírito Alex Zarthú. Casa dos Espíritos Editora, 2006). Com base no arquétipo de Adão, aprofunda-se na visão dos conflitos e angústias humanos e reflete sobre sua superação.

aquilo que planejou. Não se pode simplesmente ir trabalhando, investindo na vida de maneira não planejada ou desorganizada. Quem semeia desordem colhe infelicidade e complicações.

Assim que meu filho traçar seu planejamento, ou seja, organizar as ideias, administrar as possibilidades e definir cada passo, já pode começar a dar vida aos detalhes. Um sábio da Antiguidade certa vez afirmou que é preciso nadar a favor da correnteza do rio da vida, e não contra ela. Algumas pessoas insistem em dar braçadas no sentido contrário ao das correntes, empreendendo um esforço assustador e improdutivo. Depois reclamam da vida, dizendo que ela não lhes deu a chance que ofereceu a outros.

É essencial, meu filho, que você peça a Deus sabedoria para perceber em que sentido fluem as águas da vida, da felicidade. Não adianta você praguejar insatisfeito enquanto se debate contra a corrente. Haverá somente desgaste de suas forças. Comece a nadar no sentido da vida e descubra a correnteza de sua felicidade particular.

Com um pouco de observação e meditação, você poderá descobrir em que direção sua vida apresenta facilidades e assim perceber os talentos depositados em você e diante de você. Depois, meu filho, basta investir numa estratégia para realçar aquilo de bom que sabe fazer, realizar com satisfação e qualidade o que for possível e então colher os frutos do empreendimento. Diante de qualquer coisa na vida temos de aprender a descobrir o sentido dessas correntes de felicidade, êxito e plenitude.

No tocante ao aspecto espiritual, meu filho, por que você se inquieta procurando ser algo, se não foi programado para isso pela providência divina? Isso é nadar contra as correntes da harmonia! Reconheça em você aquilo que sabe fazer, distinguindo suas habilidades, mesmo que sejam aparentemente simples e triviais. Trabalhe, invista e dedique-se às coisas com as quais você tem afinidade e que domina, com o máximo de satisfação e qualidade. Realce os aspectos positivos e excelentes de seu talento espiritual e deixe de querer ser aquilo que, pelo menos neste momento, não foi chamado a ser. Cada peça e todas juntas desempenhando corretamente sua função são importantes ao bom funcionamento da engrenagem. Quando você atentar para essa realidade verificará que as coisas serão mais fáceis, e a realização espiritual será algo comum em sua intimidade.[6]

Ninguém foi chamado a fazer o trabalho de outro. Somos convocados levando-se em conta o divino planejamento para nossa realidade espiritual. Desse modo, trabalhemos os talentos que possuímos e deixemos que a existência nos retribua na medida exata de nosso investimento,

---

[6] A primeira epístola que o apóstolo Paulo escreve aos Coríntios traz célebre passagem que dá conta deste tema da diversidade de dons – e da importância de cada indivíduo desempenhar bem a função para a qual foi talhado, sem aspirar ser o que não é. "Se todo o corpo fosse olho, onde estaria o ouvido? Se fosse todo ouvido, onde estaria o olfato?" "E, se todos fossem um só membro, onde estaria o corpo?" (1Co 12:17,19). Vale conferir o texto na íntegra (1Co 12:12-31).

pois as leis da vida são assim: promovem a repercussão de toda ação que realizamos, retornando para nós as excelências que semeamos por aí em forma de satisfação e felicidade.

Contudo, se alguém está colhendo das sementeiras da vida algo que não está de acordo com sua ideia de felicidade, ou se porventura não está satisfeito com os resultados de seu investimento, seja ele espiritual, financeiro ou social, algo está errado – e não é com a vida nem com Deus, que não são responsáveis por nossa infelicidade. Não adianta culpar os outros, a conjuntura socioeconômica ou determinada situação; é inútil tentar encontrar fora de você algo ou alguém que esteja dificultando seu sucesso ou felicidade. Uma vez que as leis do universo não se enganam na administração dos recursos da providência divina, é imperioso admitir que estamos agindo de forma inconveniente ou não planejamos de forma sábia nosso investimento pessoal. Portanto, o erro está na estratégia empregada ou na falta de planejamento, o que faz com que você nade contra a correnteza do rio da vida. Pode ser que esteja investindo num objetivo que, por ora, não está a seu alcance, desprezando assim os talentos pessoais; ou possivelmente a hora seja de modificar as coisas, inovar, ter a coragem de mudar. Mas nada, absolutamente nada nem ninguém é capaz de impedir que colhamos os frutos daquilo que semeamos. Por conseguinte, meu filho, se estamos colhendo algo que não nos agrada, é porque a semeadura que fizemos foi compatível com a falta de satisfação que encontramos. Não se colhem frutos onde foram semeados espinhos. A colheita é sempre obrigatória para todos, independentemente de nossa revolta ou insubordinação à lei que rege os nossos destinos. Não perca suas energias em busca de culpados por sua infelicidade; isso não resolve nada, e você acaba por perder mais tempo.

É frequente ver pessoas boas que se dão mal na vida conjecturando que alguém está a boicotar sua felicidade ou que algo lhes acontece para impedir que sejam vitoriosas. Reagem a esse pensamento com revolta ou então com o famoso bordão "O que foi que eu fiz para merecer isso?", que reflete autocomiseração. Avalie bem, meu filho! Jogar a culpa sobre os outros é algo que há milhares de anos os homens têm feito; tornaram-se especialistas nisso. No entanto, nenhum deles alcançou a felicidade ou a satisfação adotando esse comportamento. Em vez disso, ficaram presos num círculo vicioso de culpa, sentimento de traição e busca de um bode expiatório para despejar sua insatisfação. Por outro lado, aqueles que tiveram a coragem de admitir sua falta de planejamento e refletir sobre novas estratégias, tomando atitudes mais sadias e adultas, conseguiram superar os momentos de crise e hoje são reconhecidos como vencedores.

Que tal, meu filho, ponderar um pouco sobre esse assunto e, na medida de suas necessidades, planejar melhor sua vida e encontrar uma maneira de realizar seus projetos?

CAPÍTULO 3
O CORPO QUE VOCÊ TEM E O MELHOR PARA VOCÊ

COMO TEM GENTE insatisfeita com o próprio corpo!... Felizmente, nenhuma dessas pessoas vem procurar nego-velho para trocar o corpo que têm, pois nem pai-velho possui essa fórmula.

A insatisfação com o corpo começa quando o indivíduo não se aceita e fica inconformado por não conseguir refletir os estereótipos de beleza estabelecidos pelas convenções humanas. O corpo é visto como um peso do qual não consegue se livrar facilmente, um fardo que lhe é dado carregar pelo resto da vida e que por isso se transforma, segundo seu ponto de vista, em elemento de infelicidade. Na maioria das vezes, a pessoa reclama tanto do corpo que possui que nem se dá conta das belezas ocultas em seu interior, no espírito, ou até mesmo da beleza de que se reveste. Em diversas ocasiões, a causa da insatisfação com o corpo não é exatamente sua feiura, mas o fato de considerá-lo assim.

Talvez até haja desgosto em virtude de seu corpo ser inadequado para aquilo que deseja realizar na vida. Nesses casos, filho, você que pensa assim ou se sente infeliz dessa forma provavelmente concentra na roupagem física seus anseios, tendo-a como objetivo ou instrumento exclusivo de suas realizações.

Certamente nem todos possuem tudo aquilo que gostariam, e isso inclui o corpo tão falado e almejado. Entretanto, todos têm à disposição o instrumento do qual necessitam e que é o mais adequado para sua interação com o mundo e para a escalada em busca de realizações plenas. Embora possamos investir no corpo, melhorá-lo, programá-lo e educá-lo, invariavelmente estaremos diante de um instrumento que nos desafia o tempo todo. O corpo é passível de aperfeiçoamento, mas se desgasta de modo inevitável com o passar do tempo. Essa é uma realidade da qual não podemos fugir quando falamos de felicidade e satisfação.

Sabe, meu filho, nego-velho conclui que a maioria das pessoas não é satisfeita com o que possui tão somente porque não está feliz com o que é. Cometem o engano de dirigir sua felicidade para o que possuem, esquecendo-se do que são interiormente.

Nego-velho pensa muito na infantilidade de quem utiliza o próprio corpo para se projetar no mundo ou de quem faz desse instrumento passageiro o objeto de sua felicidade na Terra. Porém, se meu filho se mostra infeliz com o corpo que possui, nego-velho pergunta: Por que não investir, modificar ou criar condições melhores para que o corpo se aproxime ao máximo daquilo que deseja?

Se alguém possui um corpo mais fofo, obeso ou com excesso de gorduras, muitas vezes se encontra chateado, mas não empreende esforços para modificar a situação. Quer um corpo esguio, porém não investe na educação da boca e dos hábitos alimentares. Prefere reclamar e se privar de várias coisas boas a se empenhar de verdade para adequar o corpo aos seus objetivos de vida.

Há outros que se acham magros ou feios em demasia, e há ainda aqueles com alguma deficiência que embaça a beleza física. Muitas vezes, dão tanto relevo ao aspecto negativo ou supostamente negativo de seu corpo que, em certos casos, não enxergam que é somente a seus olhos que as coisas são tão ruins. Com frequência os demais nem notam aquilo que os incomoda, mas, como supervalorizam os padrões de beleza do mundo em sua típica rigidez, logo os tomam como ponto de partida para uma comparação empobrecedora, que apenas destaca o que pretensamente não está bem distribuído ou que parece esteticamente deselegante.

Nego-velho acha que gente que pensa ou se sente dessa maneira precisa urgentemente de uma terapia de autoamor.

Se você pode aperfeiçoar seu corpo, que tal começar a planejar isso? Obtenha informações a respeito do assunto, estude a possibilidade de realizar uma reeducação alimentar, uma cirurgia ou qualquer coisa assim. Não importa o quê. Conceba a ideia, apaixone-se por ela, trabalhe elaborando planos para a melhora do instrumento que ora não lhe satisfaz. Faça algo mais além de reclamar e se sentir derrotado e infeliz. Que tal pensar em academia, exercícios físicos, dieta ou apenas aprender a curtir e amar seu corpo do jeito que ele é?

Pois é isso mesmo que nego-velho quer dizer, meu filho. Se você não tem condições nem vontade firme e disciplinada para empreender alterações na estrutura de seu corpo, poderá optar pela valorização daquilo que possui. Amar o próprio corpo é também prezar as experiências físicas e sociais que ele proporciona, as quais Deus colocou à nossa disposição para crescermos.

Contudo, convém observar, meu filho, que cada um possui o corpo mais adequado para seu crescimento espiritual, pois ele traz impressas nas células e no próprio DNA as informações e condições necessárias para tal. Compreenda, de uma vez por todas: você não é um corpo que possui um espírito imortal; ao contrário, você é um espírito imortal que possui o corpo físico ideal para que aprenda a conviver no mundo, a começar pela convivência consigo mesmo.

Essa é a razão pela qual certas pessoas, embora consigam modificar seu corpo através das inúmeras contribuições que a ciência oferece, permanecem tão insatisfeitas quanto antes. É que não aprenderam a conviver consigo mesmas. Precisamos pensar nisso também.

Como pai-velho falava antes, o corpo que você possui é o mais apropriado para seu crescimento pessoal. Embeleze-o, faça dele uma habitação agradável para si, mas tenha em mente uma coisa: ele traz a mensagem exata que você precisa aprender a ler. Tente entender o que seu corpo quer lhe ensinar sendo do jeito que ele é. Antes mesmo de efetuar nele uma modificação, perceba a mensagem inarticulada contida em suas células e órgãos. Caso não seja possível alterá-lo, meu filho, procure amar seu corpo e fazer dele o ambiente mais agradável para a vivência de seu espírito.

Vejo filhos que reclamam do corpo feio, dos cabelos que não correspondem ao que esperavam ter, e não fazem nada para melhorar a situação. Tratam seus cabelos como se fossem fios de aço ou cordas penduradas a suas cabeças, sem dispensar a eles nenhum cuidado. Não zelam minimamente pelo corpo e pretendem que ele reflita elegância, sem que cultivem elegância em suas atitudes. Pense no que está fazendo consigo mesmo, meu filho.

Talvez você se alimente com a voracidade de um animal, sem degustar aquilo que ingere, com a única finalidade de empanturrar-se, preencher o vazio do estômago (e, quiçá, da alma). Deixa assim de cultivar o respeito a si próprio e se esquece de que tais alimentos devem colaborar para o bem-estar de seu corpo e de sua mente, sem falar que perde uma oportunidade bendita de saborear o que Deus lhe proporcionou. Mais tarde, queixa-se de um corpo gordo, sem a forma desejada ou com diversos problemas, o que caracteriza a falta de saúde. Porém, esse corpo com funcionamento prejudicado reflete apenas a falta de manutenção de seu dono e a necessidade de você dar qualidade àquilo que faz ou come, ou mesmo à maneira como se relaciona com o que lhe serve de veículo na caminhada terrena.

Pai-velho acredita, meu filho, que o corpo merece maiores cuidados, pois ele é morada do espírito. Entretanto, não adianta ter um corpo bonito se o indivíduo não desenvolver a elegância em seus modos de agir e em suas atitudes.

Existe também outra observação a fazer. Caso você não possua aquele corpo que considera ideal ou, ainda, se a beleza, nos padrões admitidos pela sociedade, não faz parte de sua constituição física, que tal desenvolver o charme e a elegância, chamando a atenção e marcando seu perfil através de outros atributos, que não seja o físico? Muitos têm beleza e sedução, no entanto não utilizam bem sua inteligência ou não possuem charme para deixar uma marca mais permanente. A beleza física desaparece conforme passam os anos. Ao contrário, o charme e a elegância não têm idade; à medida que o tempo corre, em geral essas características desenvolvidas pela pessoa tendem a aprimorar-se ainda mais. Há quem não ganhe realce por meio do corpo, mas produz tais frutos no campo intelectual ou espiritual que alcança grande evidência. De algum modo, isso denota que aprenderam a dar valor àquilo que são ou têm, descobrindo outros atributos tão ou mais importantes que o corpo.

CAPÍTULO 10

TUDO PASSA — AS COISAS SÃO TEMPORÁRIAS

Todas as experiências são válidas e, além disso, são portadoras de grande ensinamento para o ser humano. Mesmo as coisas ruins que ocorrem com todo mundo, meu filho. Afinal, fatos desagradáveis ou que nos fazem sofrer acontecem todo o tempo e com todas as pessoas. Não há ninguém imune a ocorrências difíceis ou complicadas.

Certa vez nego-velho presenciou um caso de desilusão amorosa. O casal se separou devido a divergências complexas no campo sentimental. Um dos dois descobriu que se sentia atraído por pessoas de tal modo que a sociedade não aprovava e então resolveu assumir-se emocionalmente. Agiu com segurança e respeito por seu par. Falou dos sentimentos, ouviu os desabafos e soluços da outra parte, mas preferiu seguir seu caminho depois de um relacionamento sustentado durante anos e anos. Aquele que se julgou lesado e enganado a princípio entrou numa sintonia destrutiva e pediu mentalmente a nego-velho que lhe desse uma indicação de como sobreviver à situação lamentável. Afinal, reclamava, não era ela uma pessoa dedicada à vida espiritual? Por que isso estava acontecendo logo com ela? Que fizera por merecer? Nego-velho resolveu dar uma resposta diferente. Esperou que o tempo fizesse seu trabalho. Resultado: essa pessoa resolveu modificar seu estado de espírito após esgotar-se em sofrimento. Trabalhou seu sentimento de impotência e, após alguns meses, eis que surge no meio de todos, renovada e mais confiante e bonita. O que ocorreu? É que o tempo cura todas as feridas, basta que deixemos a obra ser feita.

Ninguém, absolutamente ninguém está vacinado contra dor, misérias, desespero ou coisas ruins. Todos os seres que se encontram no planeta Terra estão sob a ação de leis cuja influência se vê tanto no presente como no futuro; mas, acima de tudo, permanecem ainda vinculados a seu passado espiritual. Uma vez que desconhecem o que fizeram no pretérito, costumam rebelar-se ou revoltar-se contra Deus e a vida ante o sofrimento encontrado em seu caminho.

Nego-velho tem notado que aquelas pessoas mais religiosas interpretam o sofrimento e a dor de maneira toda especial. Costumam carregar um peso extraordinário sobre si próprias, chamando-o de merecimento. Esquecem que nem tudo na vida está vinculado ao merecimento, mas ao fator educativo, tão necessário a toda gente. Nem sempre o que nos ocorre resulta do peso do merecimento, que alguns teimam em usar como desculpa ou instrumento de autopunição.

O planeta Terra é uma escola de aperfeiçoamento de almas, meus filhos. O que acontece não está ligado às interpretações tradicionais, de que Deus esteja punindo seus filhos, tampouco de que alguém mereça ou não o que vive. Nessa escola da vida encontram-se matriculados alunos repetentes e carentes de lições mais intensas. É essa a causa das dificuldades, dos dramas e dos eventos drásticos que atingem tanta gente por aí. São famílias inteiras desfeitas, perdas irremediáveis, que lançam muitos ao desespero;

desilusões que afetam profundamente valores e emoções de quem as experimente, entre inúmeros exemplos. Fatos assim sucedem-se o tempo inteiro em qualquer parte do mundo. Não há como interpretar tais incidentes como falta de merecimento ou como se Deus estivesse zangado com seus filhos. Ignoramos nosso próprio passado espiritual e habitualmente não reconhecemos nossa necessidade de reeducação em tempo integral.

A visão deturpada da vida e do gerenciamento do mundo moral faz com que diversos filhos sofram muito mais do que deveriam, pois se acostumaram a uma maneira pessimista de ver as coisas – ou melhor, desprovida de conteúdo espiritual. É imprescindível ver, além de enxergar. É melhor para você, meu filho, acostumar-se com o fato de que nenhum de nós é espírito resolvido ou detentor de alta espiritualidade. A prova disso está nos momentos em que sobrevêm as adversidades comuns a todo ser humano.

Grande número de pessoas procura os espíritos imaginando que somos portadores de soluções mirabolantes e, de preferência, que não exijam nenhum trabalho ou esforço a fim de ser implementadas. Esses indivíduos estão com os sentidos entorpecidos e não compreendem a razão nem o objetivo da espiritualidade e do chamado reino de Deus. Nego-velho e os demais espíritos não vêm ao mundo para solucionar problemas de ninguém! Nosso trabalho consiste em apontar alternativas e possibilidades e torcer para que cada qual siga o caminho mais adequado para si. De qualquer maneira, tenha certeza de uma coisa: é você quem terá de enfrentar as dificuldades decorrentes de suas escolhas e tirar delas o maior proveito possível. Nós podemos auxiliar dando conselhos, suavizando suas emoções e sentimentos, esclarecendo-o. Mas não podemos, de modo algum, substituí-lo no enfrentamento de suas próprias dores e desafios. Não queremos e nem ao menos detemos condições de resolver problemas de quem quer que seja. Se alguém espera tal coisa de um espírito, está equivocado.

Há dignidade em enfrentar os desafios da vida. Caso se resumisse apenas em acontecimentos suaves e coisas boas e agradáveis, seria muito fácil a vida na Terra – além de insossa, sem grandes proveitos e, principalmente, inerte e sem crescimento. Manter-se fiel e produtivo nas atividades espirituais durante os tempos de bonança é algo corriqueiro, mas a todos estão reservados momentos de provas, mais ou menos intensas de acordo com a necessidade educativa de cada um. Com vistas a demonstrar esse fato, tais ocasiões foram reservadas a todo espírito que vem à Terra, seja em caráter de prova ou de missão. Tome-se como referência o que houve com Nosso Senhor Jesus Cristo: se nem ele foi poupado da via dolorosa, quanto mais aqueles que esperam segui-lo.

No entanto, ao contemplar a necessidade educativa dos filhos da Terra, podemos ter a certeza de que todo drama é passageiro, mesmo que aos seus olhos, meu filho, pareça demorar. Tudo passa nas experiências terrestres, tanto as ocorrências boas quanto as más.

Dessa realidade, meu filho, podemos depreender que você não deve se embriagar com as coisas boas da vida, nem com as ruins. Tudo passa mesmo. Saúde, felicidade, dinheiro, posses e títulos terrenos são tão transitórios quanto dores e dificuldades. As experiências na Terra se alternam conforme a rota educativa traçada no mundo oculto. Não há como fugir ao enfrentamento dos momentos difíceis. Contudo, se vivenciá-los é inexorável, padecê-los não é, pois há como tornar tudo mais suave e desenvolver habilidades e condições que tornem os momentos graves menos dolorosos, fortalecendo-se para não sofrer tanto. Não morra antes de a morte chegar, como têm feito alguns filhos. Presumem que o sofrimento é eterno e não vislumbram nada além dos próprios medos e dores. Correntemente esses filhos se aprisionam num modo de vida totalmente egoísta e se encontram de tal forma escravizados por sua visão das circunstâncias que interpretam sua situação como um purgatório pessoal.

Nada é para sempre no campo do aprendizado pessoal. Nem a dor, nem o prazer. Aprendamos isso, meu filho, e façamos de tudo para suavizar nossas dores e descobrir o sentido oculto em tudo o que ocorre em nossas vidas.

O universo foi formado por Deus, e nele estão inseridas leis cujo propósito é trazer a mensagem da divindade para seus filhos. Até mesmo os incidentes problemáticos e dolorosos que os habitantes do planeta Terra experimentam trazem um significado divino em seu íntimo. Compete ao aprendiz da felicidade interpretar ou descobrir a linguagem da vida e os símbolos ocultos intrínsecos a cada episódio. E, já que tudo na vida contém uma comunicação de Deus para o ser humano, somente nos libertaremos ou superaremos os desafios, passando a outros mais amplos, quando aprendermos alguma coisa acerca desse alfabeto divino que se encontra na intimidade de todas as coisas, inclusive nos lances da vida moral.

A dor é para todos, mas o sofrimento é só para quem quer. Essa verdade é demais para meu filho? Acha que nego-velho está caduco? Não mesmo. Basta dar uma olhada nos exemplos que o mundo nos apresenta a cada dia. Pessoas há que, apesar de todos os desafios da existência, das dores e das dificuldades enfrentadas, não se entregam de forma alguma às lágrimas e lamentações e, agindo desse modo, tornam-se vencedoras. Suas dores e inquietações não são menores do que as nossas, meu filho, mas, mesmo assim, sua postura íntima é que define o grau de sofrimento experimentado.

Medite sobre isso um pouco. Tudo passa, meu filho. Até mesmo seus conceitos são renovados e renováveis.

CAPÍTULO 1
SERÁ MANDINGA OU COISA FEITA

No dia a dia de meus filhos, nego-velho ouve muitas e muitas reclamações de que são vítimas de "coisa feita". Até parece que meus filhos gostam de sofrer processos obsessivos.

Pai-velho observa diversas coisas que ocorrem com você, meu filho. São questões materiais, de saúde física ou insucesso em algum empreendimento; em outros casos, ficaram sem emprego por muito tempo ou simplesmente curtiram preguiça, habituando-se a certas situações. Para dificuldades nos campos profissional, econômico ou afetivo, "trabalho feito" é a desculpa predileta de muitos. De repente, depositam a culpa de seus problemas em alguém ou algum espírito que, no dizer corrente, está fazendo mandinga para atrapalhar sua vida.

Nego-velho presenciou um caso em que um de meus filhos estava com problemas de pressão alta e queria a todo custo provar que era ação das trevas para prejudicá-lo. E quando meus filhos embarcam nessa teoria para disfarçar seus problemas, não há esclarecimento ou conselho que sirva. Fazem de tudo para demonstrar que estão sofrendo um processo espiritual; batem de porta em porta até ouvir a confirmação de suas especulações.

Pensando bem, talvez seja mandinga mesmo. Coisa feita pela forma que meus filhos veem a vida e as questões espirituais. Será que você já ouviu falar da capacidade de nosso pensamento realizar feitos extraordinários? Pois é isso que sucede com meus filhos, na maior parte das vezes.

Tem gente que deposita tanta fé na feitiçaria e na mandinga e que concentra sua atenção a tal ponto na ação das trevas e do mal que, em quase tudo, acha que está sofrendo ataque externo. Isso é resultado de uma visão distorcida da realidade. E, ainda que exista um mal feito, uma ação das trevas contra meu filho, nego-velho pergunta: será das trevas externas ou internas? O sofrimento não será decorrente da ignorância de meu filho ou da necessidade de ressaltar a si mesmo?

Muitas pessoas espiritualistas, para tomá-las como exemplo, sentem uma enorme necessidade de sobressair-se. Uma vez que não obtêm atenção de forma construtiva, elaboram na mente uma falsa realidade, passando a realçar o lado negro e sombrio da vida espiritual. Parece que acham bonito e elegante vivenciar um processo obsessivo! É mais fácil apresentar o caso assim do que assumir a realidade íntima, não é? É a velha desculpa ou transferência de responsabilidade. A estratégia consiste em mostrarem-se como vítimas das trevas, e, assim, seus possíveis desacertos serão catalogados como ação das forças do mal, em vez de serem atribuídos a si próprios.

Quando a pessoa está vivendo momentos difíceis e complicados em sua vida afetiva ou profissional, frequentemente não consegue tranquilidade suficiente para ver as soluções que a vida encaminha e, então, transfere a culpa para a mandinga ou para algum suposto obsessor que a persegue. Situações equivalentes a essa possuem tal gravidade que nego-velho recomenda antes terapia com um psicólogo competente do que passes e tratamentos espirituais.

Os problemas que esses filhos enfrentam ganham dimensão exagerada em virtude de sua necessidade de chamar para si a atenção que não obtêm diariamente. Repare bem o raciocínio que permeia sua ação. Inicialmente, avaliam que suas realizações não têm o destaque ou o reconhecimento que gostariam em seu círculo de ação ou em sua comunidade religiosa. Intimamente, embora sem admitir, buscam sobressair-se de alguma forma; no entanto, apesar dos esforços, não se dão por satisfeitos. Em seguida, ainda que inconscientemente, procuram salientar o pretenso mal que os atormenta, cuja origem reportam à realidade espiritual. Pensam: "Se as trevas se ocupam de minha pessoa com tamanha intensidade, é porque sou importante e realizo algo grandioso". É uma posição doentia, uma maneira inusitada de realçar o lado negro e sombrio da vida.

Muitos atribuem suas dores a mandinga, feitiço ou ação do mal. Quando você analisar de perto tais casos, meu filho, chegará à conclusão de que, em sua grande maioria, são resultado de um comportamento relapso, de deslizes cometidos de modo constante ou simplesmente de falta de responsabilidade em algum âmbito da vida pessoal. Contudo, é mais fácil não encarar a verdade e transferir tudo para um mal externo, para alguma ação perversa das sombras ou "trabalho" encomendado.

E nas situações que envolvem família, profissão ou dinheiro, então? Nego-velho encontra cada desculpa por aí... É de doer. Não é que a temida mandinga ou coisa feita tem uma utilidade que nego desconhecia? É disfarçar preguiça, dificuldade de promover mudanças e outras coisinhas semelhantes. Função bem a propósito para os filhos que rejeitam perceber quando é hora de mudar de atitude ou de negócio e inovar na forma de investir naquilo em que acreditam. Recusam-se terminantemente a empreender transformações e, com o passar do tempo, deixam de acompanhar o progresso e estacionam indefinidamente no fracasso ao qual se entregaram.

"É mandinga que fizeram para mim, algum mau-olhado, maleita ou coisa assim" – sentenciam os que se dizem espiritualizados. Mas nego-velho afirma que já é hora de aprender a lidar com a vida de maneira mais elegante, em vez de procurar desculpas para o que ocorre. É imperioso mudar seu jeito de fazer as coisas. Não resolve lamentar-se, dizendo que está dando tudo errado, pois as coisas só vão tomar outro rumo quando você aprender a fazê-las de modo diferente. Observe: o perdedor sempre repete o método de ação, isto é, roda o mesmo filme e espera que o final seja diferente. Você não concorda que é urgente se conscientizar de que suas atitudes estão equivocadas e que é hora de ter coragem para modificá-las?

Os indivíduos mais ligados às questões espirituais têm uma necessidade inadiável de aprender a valorizar as coisas boas, e não as forças das trevas e afins. Ao falar de coisas boas, nego-velho não se refere aos grandes feitos ou atividades que se destacam aos olhos alheios. Pai-velho se refere às coisas simples realizadas com coração.

A propósito de colocar coração naquilo que se faz, nego-velho é forçado a comentar algo sobre sentimentos e emoções – coisas distintas e tão confundidas. Com frequência meus filhos carregam certos eventos de um enorme conteúdo emocional, especialmente os incidentes mais drásticos que acometem aqueles que vocês amam ou mesmo as pessoas mais próximas. Deixam-se transtornar facilmente e, em vez de socorrerem o outro, acabam sofrendo em seu lugar. Em diversas ocasiões, vê-se que quem está experimentando a situação não está tão desesperado quanto muitos de meus filhos. Mas estes entregam-se com tal ênfase ao sentimentalismo, ao excesso de emoções e à aparência de solidariedade que não notam como se tornam frágeis, nem quão infantil é seu comportamento.

Esteja atento, filho. Inseridos no contexto de vida do planeta Terra, tudo é possível; ninguém está imune a percalços e dificuldades. Principalmente se considerarmos os fatores cármicos de cada um de meus filhos. Coisas agradáveis e desagradáveis se revezam na vida de todos, sem que isso forçosamente tenha a ver com invasão das trevas ou feitiçaria.

Pai-velho observa como muitos se deixam levar pela onda de pieguice, como se isso fosse indício de uma sensibilidade extraordinária ou um amor acima da média. Amor não é melodramático, meu filho, e compaixão não se confunde com pesar. Apoiar o próximo não é evitar que ele enfrente as provas e situações educativas que a vida lhe reserva nem tomar para si as dores alheias.

Em meio aos espiritualistas, esse comportamento é um contrassenso ainda maior, pois não ignoram que cada um traz seus próprios problemas para solucionar, e, muitas vezes, o fator desafio ou dificuldade é indispensável à reeducação da alma. Como você julga estar apto a compreender integralmente tais situações, se desconhece os vínculos que prendem o indivíduo em sofrimento ao passado espiritual? Nem mesmo o contexto presente do espírito reencarnado você domina totalmente. Quem sabe o que vai na alma de cada um? Sem estar bem-informado, é difícil avaliar a programação do Alto com precisão e tampouco determinar com acerto o que o homem deve enfrentar em matéria de provações. Com o sentimentalismo na frente do bom senso, você pretende evitar que a pessoa aprenda sua lição de vida... Reflita sobre isso, meu filho.

Quantos anseiam e reclamam a interferência de Deus para retirar o sofrimento da trajetória de quem ama, sem conhecer os bastidores do problema em profundidade! Consideram que o que acontece com o outro é coisa feita, mandinga, olho gordo, investida das sombras. Pelo amor de Deus, meu filho, amadureça seu espírito e compreenda a necessidade de cada um encarar seu passado frente a frente, exatamente da forma como o deixou. Ofereça o ombro amigo, o apoio incondicional, mas, sobretudo, a compreensão dos problemas humanos. Não faça das trevas seu bode expiatório nem atribua tudo ao obsessor, senão nego-velho vai acabar pensando que o coitado do obsessor é, na verdade, a maior vítima de meus filhos.

É hora de renovar nossos conceitos a respeito das questões espirituais que nos envolvem. Transferência de responsabilidade pelo que sucede conosco não resolverá problema algum. Precisamos enfrentar e enfrentar-nos, conhecendo a real origem dos desafios que a vida nos apresenta, certos de nossa capacidade de desenvolver a coragem para buscar as soluções. Se por ora não podem ser encontradas, quem sabe? – talvez possamos modificar a rota. Isso realmente exige coragem.

Não culpe o outro, o obsessor ou quem quer que seja, e não vá atribuir toda dificuldade que ocorre com você a feitiços, mandingas ou pajelanças. Isso é coisa feita em sua própria cabeça.

Você conhece o boicote à própria felicidade? Pois é, nego-velho vê todo dia alguns filhos inventando pretextos para o fracasso pessoal e espiritual. Ao perceber as constantes desculpas que meus filhos fabricam, nego-velho se recorda de uma lenda[7] que fala de uma serpente que vivia no paraíso. Não lhe parecem familiares as duas atitudes?

É que o pensamento da gente é dotado de uma força descomunal para realizar os comandos mentais que lhe imprimimos. Nego-velho já

---

[7] No mito de Adão e Eva (Gn 2-3), ambos os personagens se esquivam de assumir responsabilidades pelo pecado original, apresentando justificativas com esse intuito. Adão culpa Eva: "Foi a mulher que me deste por companheira que me deu do fruto da árvore, e eu comi", diz ele a Deus. Eva, por sua vez, afirma que a cobra a induziu ao erro: "A serpente me enganou, e eu comi" (Gn 3:12-13). Consequentemente, já que a cobra é criação divina, Deus era o grande vilão da história, ao menos segundo os dois habitantes do Éden. Como se vê, a mitologia contém conteúdo espiritual atualíssimo, pois já mostra a prática humana, tão comum, de transferir responsabilidades.

falou disso páginas atrás. Porém, os filhos tanto se acostumaram a alimentar o pensamento com fuligem mental, com ideias-lixo, que suas mentes acabam por acreditar na realidade daquilo tudo que é oferecido. Resultado: executam tudo de acordo com a programação estabelecida.

Quando se veem envolvidos por situações complicadas, aflitivas ou problemáticas, meus filhos procuram imediatamente alguém em quem jogar a culpa, sendo que o ocorrido dependeu apenas de sua própria ação – ou inação. No entanto, nego observa que, nos embates da vida, tudo parece mais fácil caso se possa atribuir ao outro a causa do fracasso amoroso, profissional ou social. Esse gesto evita ter que assumir a própria parcela de responsabilidade naquilo que se deixou de realizar de forma ética ou com o devido empenho.

O outro passa a ser o centro das atenções quando a desgraça ocorre ou o fracasso se esboça. É o patrão que o persegue, é o colega que o boicota no trabalho ou alguém que não gosta de você e resolveu fazer um feitiço para atrapalhar sua vida. Esse tipo de pensamento já é derrotista por si mesmo. Na situação oposta, quando as coisas vão bem e você está em fase de ventura e felicidade, aí o comportamento é outro: foi você quem venceu, sem ninguém para ajudá-lo. Nessas circunstâncias, comumente meu filho não reconhece o cireneu[8] que o amparou durante as dificuldades ou o apoio que recebeu na caminhada; pensa ser o único responsável pela vitória.

Tudo isso conduz à reflexão sobre como você está administrando sua vida. Até que ponto meu filho tem alcançado realização e até onde tem vivido uma ilusão disfarçada de vitória?

Na hora do aperto, quando as coisas vão mal, o outro é o responsável. Pense bem e veja quanto precisamos modificar nosso pensamento.

---

[8] Segundo os Evangelhos sinóticos, houve um homem *cireneu* – isto é, natural de Cirene, cidade da atual Líbia –, cujo nome era Simão, que foi constrangido a carregar por um trecho a cruz de Jesus, a caminho do Gólgota (Mt 27:32; Mc 15:21; Lc 23:26).

Há muita gente que se boicota o tempo todo. Desde o início alimentam o pensamento com ideias derrotistas, desculpismos e, com isso, adiam o sucesso e a felicidade. Quando a pessoa preenche a mente com esse tipo de imagem e não se vê merecedora de algo melhor, ela afasta de si a vitória, não se permitindo conquistá-la. Na verdade, está a operar uma magia mental muitíssimo eficiente contra si mesma.

Não há magia mais aterradora ou feitiço mais destruidor do que aquele forjado contra si mesmo na mente que o concebeu. A mente tem forças tão poderosas que fazem a energia atômica se assemelhar a uma simples brisa diante de tamanho potencial que repousa desconhecido na intimidade do próprio homem. Eis o boicote da felicidade, que não depende de mais ninguém para se concretizar.

Ao observar os fatos sob essa ótica, meu filho, vemos que o maior inimigo do homem é ele próprio. Não carece procurar culpados ou responsáveis pelo que acontece com você. Onde se localiza seu inimigo? Onde ele se esconde que você usualmente não o percebe? Em seus próprios pensamentos e crenças íntimas! Você age como inimigo de si mesmo ao mascarar a realidade com desculpas e – o que é pior – crê firmemente e sustenta a desculpa inventada a tal ponto que sua vida passa a ser pautada pelo derrotismo e pela autopiedade, tentando assim despertar a comiseração dos outros em relação a você.

Mas, quando meus filhos buscam ajuda espiritual e se veem diante desse quadro, eventualmente apontado pelos guias espirituais que falam abertamente a respeito, muitos se chocam, avaliam que o guia é fraco ou que foram malcompreendidos.

Em lugar de ouvir e mudar, preferem efetuar tarefas específicas – tais como rezas, penitências, promessas, banhos, passes, despachos, barganhas –, que são inócuas para o fim almejado. Pretendem se ocupar com serviços externos, materiais, e assim se eximir de sua realidade íntima, dissimulando sua incapacidade momentânea de reagir à situação. É tentador pagar alguém para fazer um "trabalho" ou uma oferenda que satisfaça seu disfarce e sua teimosia. Mais fácil do que se enfrentar, ter a coragem de admitir seu equívoco e reconhecer a necessidade de mudança. Muita gente gasta tudo o que tem ou o pouco de que dispõe em supostos trabalhos de magia até que, esgotando-se nessas tentativas frustrantes, descobre que são eles mesmos os autores da magia que está lhes prejudicando. É a magia mental, o resultado dos pensamentos desgovernados, a falência dos próprios recursos e a dificuldade de pedir auxílio terapêutico ou uma orientação educacional.

A vida educa-nos, meu filho, ainda que nos mantenhamos rebeldes com relação a seus processos didáticos. O que acontece conosco são fatores educativos que a providência divina nos encaminha, mas que repetidamente nossa rebeldia faz com que não compreendamos. A educação de espíritos rebeldes, como a maioria daqueles que habitam a Terra, necessita de uma metodologia que, como regra, é desconfortável, mas eficaz. Não surte efeito algum pretender enganar a vida ou fazer barganhas com Deus e os bons espíritos, tentando fingir que somos bonzinhos e que nunca fizemos nada para merecer o que passamos. Nem tudo na vida é questão de merecimento, meu filho. Compete a nós viver muita coisa como processo educativo, que nos conduz a um entendimento mais amplo sobre nós mesmos e o universo.

Uma vez que a mente é a grande responsável pela nossa visão do mundo e da vida, bem como pela interpretação que damos ao que ocorre em nós e fora de nós, é essencial modificar nossas disposições internas. Somos os responsáveis por tudo o que nos ocorre, e a ação da mente no mundo a nossa volta está intimamente ligada aos eventos que nos circundam. A mera compreensão dessa verdade traz profundas implicações e nos faz renovar o entendimento. Ideias organizadas e éticas, acompanhadas de atitudes altruístas e generosas, com certeza resultarão em ações cada vez melhores.

Todavia, é preciso acreditar na vida e aguardar o momento certo da colheita. Quem ceifa hoje resultados positivos não é porque seja uma pessoa boa, espiritualizada ou cheia de graça e dotes especiais. Seguramente ela aprendeu a semear no silêncio, perseverou em seus esforços e reforçou sua convicção de que é possível ser vitoriosa e feliz; investiu e cultivou seu trabalho com fé, certa de que o tempo haveria de fazer germinar suas sementeiras e trazer frutos compatíveis com a qualidade daquilo que plantou. Tudo está na mente, no pensamento, na persistência e na resolução de permanecer fiel às disposições otimistas, mesmo ante os momentos mais graves, sem abdicar daquilo de bom que se abriga na intimidade.

O boicote à vitória e à felicidade de meu filho está em si mesmo, especialmente quando já começa qualquer empreendimento com descrédito, duvidando da própria capacidade ou da alheia. O feitiço que você cria com as ideias derrotistas é tão intenso que nenhum trabalho externo de magia poderá desmanchar aquilo que já se fixou em sua tela mental. Não perca tempo com comportamentos místicos e disfarces, já que você tem tanta bagagem em seu interior que merece reciclagem. Existe muito lixo mental que deve ser banido de sua intimidade, meu filho, cedendo lugar a ideias organizadas e melhores.

A reciclagem dos pensamentos urge para aquele que reconhece a necessidade de semear colheitas promissoras. E, quando nego-velho fala em reciclagem do conteúdo mental, é porque deseja enfatizar que muita coisa precisa mesmo é ser reorganizada, revista e restaurada. Nem tudo deve ser descartado, mas apenas algumas ideias, por serem ultrapassadas e daninhas à sua realização pessoal. Crenças e preconceitos que sustentam um estilo de vida contagioso, infeliz e antiético exigem substituição imediata por bases mais modernas, que instaurem uma felicidade mais consciente.

Enfim, meu filho, nego pode até se mostrar assim, velho; porém, no que tange às ideias e à maneira de agir, este nego gosta mesmo é de modernidade, de espiritualidade sem evasivas nem devaneios, e é um fiel defensor de uma mente sadia, que se constrói com pensamentos otimistas e nobres. Aprimore-se na magia mental do bem e do autoamor e não desista jamais de trabalhar pelo bem comum.

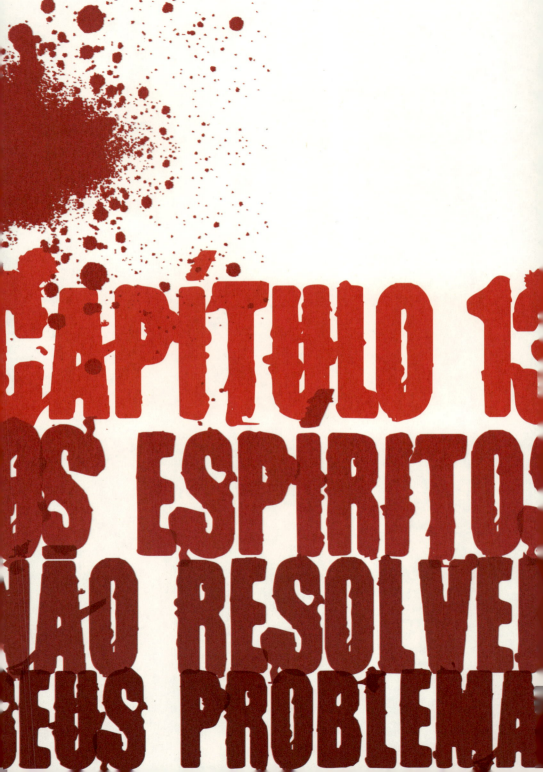

CAPÍTULO 13
OS ESPÍRITOS NÃO RESOLVEM SEUS PROBLEMAS

MUITA GENTE procura o centro espírita ou a tenda umbandista em busca de uma conversa direta com os guias espirituais. Talvez acreditem que, se tiverem oportunidade de conversar, chorar suas mágoas e defender suas ideias de autopiedade, os espíritos se mobilizarão para auxiliá-los e para destrinchar suas dificuldades com toda a urgência e facilidade. Meu Deus, como muitos filhos estão equivocados! Espírito nenhum resolve problema de ninguém. Esse definitivamente não é o objetivo nem o papel dos espíritos, meu filho. Se porventura você está em busca de uma solução simples e repentina para seus dramas e desafios, saiba que os espíritos desconhecem quimera capaz de cumprir esse intento.

No espiritismo, assim como na verdadeira umbanda, não se traz o amor de volta; ensina-se a amar mais e valorizar a vida, os sentimentos e as emoções, sem pretender controlar os sentimentos alheios ou transformar o outro em fantoche de nossas emoções desajustadas.

Os espíritos não estão aí para "desmanchar trabalhos" ou feitiçarias; é dever de cada um renovar os próprios pensamentos, procurar auxílio terapêutico para educar as emoções e aprender a viver com maior qualidade.

Até o momento, não encontramos uma varinha mágica nem uma lâmpada maravilhosa com um gênio que possa satisfazer anseios e desejos, resolvendo as questões de meus filhos. O máximo que podemos fazer é apontar certos caminhos e incentivar meus filhos a caminhar e se desenvolver, seguindo a rota do amor.

Não adianta falar com as entidades e os guias ou procurar o auxílio dos orixás, como muitos acreditam, pois tanto a solução como a gênese de todos os problemas estão dentro de você, meu filho. Ao menos no espiritismo e na verdadeira umbanda, a função dos espíritos é maior do que satisfazer caprichos e necessidades imediatas daqueles que concentram sua visão nas coisas do mundo. Não podemos perder nosso tempo com lamentações intermináveis nem com pranto que não produza renovação. Nosso campo de trabalho é a intimidade do ser humano, e a maior ajuda que podemos dar a alguém é auxiliá-lo a conscientizar-se de sua capacidade de trabalhar e a investir no lado bom de todas as coisas. Nada mais.

Tem gente por aí se deixando levar pelas aparências de espiritualidade. A grande multidão ainda não despertou para as verdades espirituais e acha-se com os sentidos embriagados e as crenças arraigadas em formas mesquinhas e irreais de viver a vida espiritual. Persegue soluções que lhe sejam favoráveis, e, em geral, tais soluções dizem respeito a questões emocionais ou materiais que meus filhos não se sentiram capazes de superar. Ah! Como se enganam quanto à realidade do espírito. O aprendizado da vida é longo, amplo e exige um esforço mental de tais proporções que não torna fácil romper com os velhos hábitos de barganhas espirituais aprendidos com as religiões do passado.

Fazem-se promessas, cumprem-se rituais

na esperança de que os espíritos ou Deus concedam-lhes um favor qualquer em troca de seus esforços externos, que presumem sobrepor-se aos valores internos. Pensamentos assim resultam de uma educação religiosa deficiente e advêm de hábitos seculares que perduram nos dias atuais e carecem de análise mais profunda. Os indivíduos que agem com base nessas premissas evitam reconhecer sua responsabilidade nos acontecimentos que os atingem e pensam enganar a Deus com seu jeito leviano e irresponsável de tratar as questões espirituais. Fatalmente se decepcionam ao constatar que aquilo que queriam não se realizou e que as forças sublimes da vida não se dobraram aos seus caprichos pessoais.

Os problemas apresentados pela vida têm endereço certo, e não há como transferi-los para os espíritos resolverem. Se determinada luta ou dificuldade chega até você, compete a você vencê-la. Na sede de livrar-se do processo educativo ministrado pela vida, meus filhos esperam que nós, os espíritos, possamos isentá-los de seus desafios. Isso é irreal. Não detemos o poder de transferir de endereço a receita de reeducação que vem para cada um. Nenhum espírito minimamente esclarecido poderá prometer esse tipo de coisa sem comprometer o aprendizado individual. Fomos chamados pelo Pai para auxiliar meus filhos apontando o caminho ou a direção mais provável para alcançarem êxito na construção de sua felicidade.

Vejam como exemplo a atuação do próprio Nosso Senhor Jesus Cristo. Mesmo matando a sede e a fome de multidões, ele não arranjou emprego para ninguém. Curou e restabeleceu a saúde de muitos que nele criam, mas não libertou ninguém das consequências de seus atos e escolhas. Sabendo das dificuldades sociais da época, não intentou resolver questões que somente poderiam ser transpostas com o tempo e o amadurecimento daquele povo. Em momento algum o vimos a prescrever fórmulas para dar fim a desavenças de ordem familiar, socioeconômica nem tampouco emocional,⁹ recomendando meios de trazer o marido de volta ou fazer a pessoa amada retornar aos braços de quem a deseja. Uma vez que ele é o Senhor de todos os espíritos e não promoveu coisas nesse nível, como poderemos nós, seus seguidores, sequer cogitar realizá-las?

O que podemos deduzir das atitudes de Nosso Senhor, meus filhos, é que, se ele não se dispôs a realizar tais demandas, que na época

---

⁹ A observação do autor espiritual acerca da conduta de Jesus é pertinente, embora alguém pudesse creditar à omissão dos evangelistas a ausência de relatos do nazareno arbitrando sobre fatos do gênero citado. Entretanto, o rabi não se prestou a determinados papéis não porque não houvesse ocasião, mas por ter se recusado terminantemente a desempenhá-los. Exemplos claros estão na contestação àquele que pretendia fazê-lo dividir uma herança – "Homem, quem me pôs a mim por juiz ou repartidor entre vós?" (Lc 12:14) – e na recusa em atender a este pedido, feito por Marta: "Senhor, não te importas de que minha irmã me deixe servir só? Dize-lhe que me ajude" (Lc 10:40).

certamente existiam, é porque a natureza de seu trabalho era outra. Mesmo debelando os males, prestando o socorro que podia, ele não eximiu a população de enfrentar seus desafios. Quem recebeu o pão voltou a ter fome e inevitavelmente teve de trabalhar para suprir as próprias necessidades; quem foi curado teve de aprender a valorizar a própria vida, pois outras enfermidades viriam mais tarde; quem Jesus ressuscitou dos mortos desencarnou mais adiante. Em suma: o processo de reeducação a que conduzem os embates da vida é tarefa de cada um. Cristo Nosso Senhor apenas indicou a direção, mas cabe a cada seguidor palmilhar o caminho com suas próprias pernas, avançando com passos seguros e resolutos em seu aprendizado.

Através desse raciocínio, meu filho, você poderá compreender a razão pela qual não há proveito em recorrer aos espíritos para livrá-lo do sofrimento ou isentá-lo de dificuldades. Esse é o caminho do crescimento na Terra, e não há como fugir às próprias responsabilidades ou transferir o destino das tribulações. A dívida acorda sempre com o devedor; não há como se furtar a essa realidade. Como vimos, a busca interminável de uma oportunidade para conversar com os guias espirituais não resolverá seus problemas, assim como seus sentimentos em relação àqueles que ama não pouparão tais pessoas de vivenciar os dramas que lhes são peculiares. Tampouco os espíritos podem fazer isso por você, mesmo que o amem profundamente. Agiremos de modo a deixar um roteiro de vida, ensinamentos que possivelmente intensificarão a força que já existe dentro de você.

Porém, se procura tanto assim um conselho dos espíritos do bem, por que rejeita seguir os ensinamentos deixados por eles nos livros psicografados e nas inúmeras mensagens que dão em toda parte? Nego-velho sabe, meu filho, que essa atitude reflete um desejo de ser tratado de maneira especial, distinta, como se sua situação fosse mais grave que a dos outros.

É preciso entender uma coisa, meu filho.

Embora nosso amor por você nos faça transpor barreiras de vibração entre os dois mundos, não há tratamento privilegiado do lado de cá da vida. Todos são igualmente especiais e merecem o cuidado do Mundo Maior. Quanto a nós, os espíritos, apenas traduzimos em palavras mais ou menos atuais e num vocabulário mais afeito a esta ou àquela comunidade as receitas insuperáveis que Nosso Senhor deixou registradas há 2 mil anos. Sabe por quê, meu filho? É que os dramas e conflitos humanos permanecem os mesmos de antes, e a prescrição para eles não é diversa da que o Evangelho apresenta. Se acaso subestimar as palavras do Evangelho, sem compreendê-las nem lhes dar o devido valor, aí então você sairá a esmo, buscando coisas fantásticas e soluções mirabolantes, varinhas mágicas acompanhadas de promessas que nunca se concretizarão.

Dedique-se a assimilar a lição que as dificuldades lhe trazem e, na companhia dos espíritos, identifique a direção a seguir, ciente de que é você mesmo que deverá caminhar, e não nós.

CAPÍTULO 1
MANDINGA DE PRETO-VELHO

Certo dia uma pessoa procurou ajuda de nego-velho para solucionar uns probleminhas. Compareceu na casa espírita e desfiou um rosário de lamentações perante a pessoa que o atendeu. A resposta de pai-velho veio logo em seguida, através do receituário mediúnico:

Levante pela madrugada, mais ou menos às 4 horas. Colha então algumas rosas brancas no roseiral que está plantado no fundo do seu quintal e, ao fazê-lo, sinta seu aroma. A cada rosa arrancada do pé, faça uma oração pedindo a Deus que o abençoe, bem como aqueles que ama. Depois, dirija-se à cozinha, ponha água no fogo e, enquanto não ferve, meu filho, procure o Evangelho e faça uma leitura, preparando assim o ambiente de sua casa para a mandinga de nego-velho. A seguir, coloque as rosas dentro da água fervendo, apague o fogo e abafe. Enquanto aguarda para que esfrie um pouco, vá tomar um banho de asseio, lavando-se todo, da cabeça aos pés. Quando estiver debaixo do chuveiro, ore e feche os olhos, reparando atentamente na água que cai em seu corpo. Enxugue-se e pegue a água de rosas, derramando-a pelo corpo. As rosas que foram cozidas devem ser jogadas em água corrente, no riacho que fica um pouco distante de sua casa. Saia com as rosas embrulhadas e vá cantando uma cantiga qualquer, daquelas que transmitem felicidade. Por fim, volte para casa e, do jeito que puder, deite-se, pois ainda não terá amanhecido o dia. Lembre-se de aproveitar as oportunidades que se fizerem presentes.

Quando o médium viu o receituário, ficou estarrecido com nego-velho. Questionou a eficácia do banho, as orações, o horário que deveriam ser feitas e a fórmula dada para aquele caso particular. Nego-velho pensou um pouco e depois respondeu ao médium:

"Sabe, meu filho, as rosas servem para perfumar o ambiente e o corpo do nosso companheiro. É que ele reclama que o casamento vai mal, que sua companheira está evitando-o sempre e que ela agora arranjou um trabalho noturno, do qual ele está desconfiado. Mas sabe, filho, é que o marmanjo não gosta muito de tomar banho, e com aquele cheiro não tem mulher que aguente a situação. Conhecendo a fé do homem em nego-velho, resolvi dar um empurrão no relacionamento. Ele também não gosta muito de estudar o Evangelho nem de rezar. Porém, ajuntando tudo numa receita de pai-velho, ele vai seguir à risca.

"Passará então a se levantar muito cedo, apanhar as rosas, tomar um bom banho e meditar debaixo do chuveiro. Quando despeja o banho de rosas no corpo, então se perfuma todo, e, aí, nego-velho o induziu a levar as rosas restantes do banho para jogar no riacho que fica um pouco distante de sua casa, ainda de madrugada. Sabe por quê, meu filho? É que a mulher dele é enfermeira e retorna de um plantão noturno exatamente naquele horário, de ônibus, e é obrigada a andar sozinha por um bom pedaço até chegar em casa, mesmo com a escuridão da noite. Quando for até o riacho, já está na hora da mulher chegar. Aí, os dois virão juntos conversando um pouco.

"É claro que a mulher perceberá que ele tomou banho, o cheiro das rosas e essas coisas mais, que fazem as mulheres se alegrar. O resto você já sabe, meu filho, é só confiar na natureza e as coisas se resolvem.

"Isso é mandinga de nego-velho."

Ao ouvir a explicação, o médium pegou a receita e entregou ao consulente. O caso se resolveu em alguns dias. Nosso irmão precisava apenas de um empurrão para aprender a tomar banho e se perfumar e de uma desculpa para agradar a mulher, apanhando-a no ponto de ônibus. Nego-velho riu muito ao saber que os dois haviam se reconciliado graças a um banho despretensioso, feito de rosas, e algumas orações acompanhadas de meditação debaixo do chuveiro.

Muita gente, meu filho, tem necessidades as mais estranhas, mas que costumam se resolver com pequenas receitas de paz, diálogo, orações e – quem sabe? – um pouco de higiene também.

Assim como há quem sofra com o corpo

sem higiene, há os que mantêm a mente poluída com pensamentos de desarmonia. Precisam urgentemente de uma mandinga bem feita para aprender a se livrar dos maus pensamentos através de uma meditação nas palavras do Nosso Senhor Jesus Cristo. Limpe os pensamentos, harmonize suas emoções e prossiga sua caminhada, meu filho, acertando quanto puder as desavenças entre você e os seus. Diversas queixas de meus filhos são questões simples de solucionar, e, na maior parte dos casos, um banho de Evangelho associado ao perfume do coração consegue fazer muito mais por você do que as complicações que procura para dar respostas imediatas aos seus desafios. Desenvolva a capacidade de simplificar as coisas, pois a vida é cheia de caminhos complicados, e, ao percorrê-los, abrimos certas trilhas que nos conduzem, às vezes, à infelicidade. É importante descomplicar nossa busca e simplificar as soluções.

Quer um exemplo? Muitos estão à procura de "se dar bem" na vida e, com esse intuito, perseguem a todo custo um amor quase impossível para a realidade terrestre ou, em outras ocasiões, vivem atormentados por não possuir aquilo que os distinga no meio social em que se relacionam. Correm o tempo inteiro. Essa situação, embora seja louvável caso leve em conta valores espirituais, faz nego-velho recordar o que Nosso Senhor falou: "Que aproveitaria ao homem ganhar o mundo todo, e perder a sua alma?".[10]

Grande parte dos conflitos humanos, meu filho, seria resolvida simplesmente com um *sim* ou um *não*, o que indica que muitos filhos de fé ainda não aprenderam a impor limites às dificuldades ou às atitudes alheias que os prejudicam. O silêncio constrangedor ante a ação do mal os torna coniventes com o erro, perpetuando a problemática. Outras vezes, convencidos da possibilidade de superar os obstáculos, os homens esperam coisas complicadas demais, que, caso se concretizassem, certamente se constituiriam

---

[10] Mc 8:36.

em entraves à felicidade, pois meus filhos têm uma visão muito estreita a respeito da própria vida. Pedem recursos que não sabem administrar e ambicionam situações que, no futuro, só trariam incômodos; reclamam auxílio, mas recusam-se a participar do trabalho que transforma o panorama geral; aspiram a bênçãos para as quais não concorreram.

O Alto envia os recursos; no entanto, não se recebe o que foi pedido, mas o que é necessário para o crescimento interior. Meus filhos então se revoltam, falam com insensatez, recusam-se a compreender e repelem o tipo de ajuda enviada. Em vão. Deus não se curva à rebeldia de filhos imaturos. O corpo que você utiliza, meu filho, é tão somente um disfarce para camuflar sua infantilidade em relação às questões espirituais. É hora de crescer espiritualmente e experimentar atitudes mais adultas ante os desafios que cruzam seu caminho.

É impressionante o efeito que os contratempos pequeninos têm sobre você, fazendo-o sofrer e se sentir ofendido com migalhas de comportamento de outras crianças espirituais. Que tal abrir os olhos para uma realidade diferente, meu filho? Talvez você descubra quanto pode realizar em benefício da própria felicidade. São atitudes simples, pequenos gestos, apenas algumas palavras, e, de repente, todo o panorama estará renovado. Ah! Nego-velho esqueceu que meus filhos não se contentam com o que é simples e com soluções que dependem de si mesmos.

Nego repara como muitos pedem e reivindicam, mas querem tudo pronto. Exigem sem se esforçar, rogam auxílio e logo se enrolam na trajetória, em meio à ajuda enviada. Não reconhecem o surgimento de uma oportunidade, pois Deus escreve através de palavras inarticuladas, que só poderão ser interpretadas com coração.

Os problemas de hoje, meu filho querido, não são diferentes daqueles com os quais a humanidade de 2 mil anos atrás se deparou. Exatamente por isso permanece a mesma recomendação: as atualíssimas lições ditadas por Nosso

Senhor. As palavras de nego-velho não passam de uma versão cabocla da mensagem que Cristo Nosso Senhor trouxe; não há nada novo.

Urge reconhecer que estamos excessivamente distantes do céu; sendo assim, onde estivermos e como estivermos há muito trabalho por realizar em prol da simplificação das questões da vida.

Utilizemos as rosas da boa vontade, da ternura e do amor de modo nunca antes experimentado, a começar de cada um, em sua intimidade. A partir daí, experimentemos em nosso ser a avalanche de valores e forças que será desencadeada para, em seguida, identificar as águas da fé, que descem perfumadas em nossa alma. Cultivemos essa fé em cada atitude e, assim, simplificaremos muito nossas rogativas e expectativas. Essa é a grande mandinga de preto-velho.

CAPÍTULO 15
A ESPERA DE UM MILAGRE

Está esperando o quê, meu filho? Pai-velho vê o quanto as pessoas perdem seu tempo esperando a vida passar, as oportunidades aparecerem e, estacionadas, aguardam algum milagre que as faça despertar.

Dizem que desejam acreditar em algo, mas estão com a mente engessada, petrificada em ideias próprias, querendo que Deus e o mundo se curvem às suas exigências. Afirmam que, se houvesse algo palpável, um sinal, um fenômeno qualquer, então despertariam para a realização de algo grandioso. Alimentam a fantasia de que têm uma missão, uma incumbência especial, mas que ainda não é a hora de assumir o que está destinado a elas.

Iludem-se, pois os indivíduos que têm uma tarefa a realizar executam-na sem exigir nenhuma prova ou sinal do Alto. Simplesmente vão adiante, trabalham, investem e, mais tarde, quando se dão conta da caminhada, é que notam o que construíram e quanto ainda falta para atingir determinado objetivo. Jamais aguardam o tempo chegar.

Há uma canção popular que diz "Quem sabe faz a hora, não espera acontecer"[11] – está aí uma grande verdade. A despeito da descrença e do ceticismo alheios, tais filhos prosseguem operosa e incansavelmente. Há ainda um ditado da sabedoria popular que nego aprecia bastante: "O coração daquele que tem fé vai mais longe que seu pé". Os verdadeiros obreiros do bem, aqueles vinculados a um compromisso de modo particular, não aguardam orientações, conselhos espirituais ou algo vago que os convença e lhes diga que está na hora. Iniciam sem delongas seu projeto, empreendem sem esperar aprovação – a não ser a de sua própria consciência. Realizam o que podem sem se preocupar com possíveis revelações e, caso alguém diga que é impossível, persistem ainda mais, pois a fé é o

---

[11] Dois dos versos mais conhecidos da canção *Pra não dizer que não falei de flores*, composição do ano de 1968, cuja autoria é do paraibano Geraldo Vandré.

troféu das causas impossíveis.

Por outro lado, pai-velho percebe seus filhos preocupados em agradar aos demais, cercando-se de supostas garantias perante a opinião alheia, a tal ponto que isso se transforma na motivação real de seu empenho. Além disso, há aqueles que cristalizam seus pensamentos em atitudes e exigências para com Deus e os bons espíritos, aspirando à submissão das forças superiores da vida àquilo que convencionaram como correto. Encontram-se numa encruzilhada de suas vidas, à espera de um milagre.

Mãos à obra, meu filho! Chega de perder seu tempo na expectativa de aprovações ou comprovações. Se você acha que tem uma tarefa a cumprir, não são os espinhos nem as incompreensões que o deterão. Isso apenas estimula a caminhada em direção ao ideal. Nenhum dos seguidores do Cristo que lograram realizar algo de proveitoso e que dedicaram sua vida em benefício da humanidade se deteve ante as tempestades ou vendavais das experiências humanas. Nenhum deles se deixou abater por comentários depreciativos a seu respeito nem por opiniões contrárias; em vez disso, foram avante, empenhando-se e se transformando ao longo do caminho.

Você aguarda um milagre ou algo parecido? Nego-velho lamenta dizer isso, mas garante: você se decepcionará. Enquanto meu filho fica parado, imaginando um compromisso futuro, um chamado especial ou uma missão que jamais conquistou, o mundo caminha velozmente em trabalho incessante de aperfeiçoamento. Durante o período em que você se indigna com a falta de reconhecimento e a ingratidão, interrompendo a marcha no meio da estrada da vida, erguem-se hospitais e realizam-se projetos; crianças são amparadas e inúmeras criaturas são socorridas em nome do amor e do bem.

Caso deseje, filho, espere mais alguns séculos e talvez você desperte no trajeto de algum cometa por regiões inóspitas do universo, prestes a recomeçar a caminhada. A Terra, porém, estará transformada pelas mãos abençoadas daqueles que não se detiveram nem aguardaram confirmações e sinais para prosseguir com a tarefa que abraçaram.

Na verdade, somente muito poucos têm um mandato do Alto, com determinada incumbência mais específica. Não tem cabimento ficar imaginando que você é um eleito ou que tem missões a desempenhar. Se assim fosse, a esta altura, já teria empreendido algum feito vultoso. Deus, no entanto, conta conosco para realizações bem mais simples que nossas pretensões, meu filho... De toda forma, se permanecer à espreita do momento certo, a oportunidade de hoje passa, a vida se esvai, e, de repente, é hora de recomeçar em outro plano.

Apenas observar? Até quando? "Até que esteja em melhores condições, que ganhe na loteria ou tenha uma situação financeira mais estável" – você eventualmente responde – "aí, então, começarei a trabalhar".

Nego-velho se assusta com isso, meu filho! Porém, caso evite conscientizar-se e relute em agir, nego saberá compreender. Pacientemente, rogará ao Alto, até o momento do despertar de meu filho.

Que ninguém se engane. Urge iniciar a maior obra de todos os tempos: nossa transformação íntima. Milagres e sinais, temos o tempo inteiro, dentro e fora de nós. O sorriso de uma criança, o desabrochar de uma flor, o canto dos pássaros, o abrir e fechar dos olhos ou a simples brisa que passa – tudo isso constitui fenômeno divino à disposição daquele que tem sensibilidade para percebê-lo. Aguardam algum brado mais forte? Que tal atender ao choro das crianças desamparadas ou ao pranto dos velhos sem lar? Talvez, ao clamor das mães desesperadas, que anseiam por sua contribuição de amor. Esses fatos representam o grito de Deus, as vozes dos espíritos sublimes chamando à responsabilidade seus filhos imaturos.

Não se iluda, meu filho: a tarefa é simples assim. A maior mediunidade a que podemos aspirar é o serviço incansável em benefício dos filhos do calvário.

Nego-velho não vê muita gente interessada em ocupar-se do passe reconfortante ou em ministrar ensinamentos e dedicar cuidados às crianças desamparadas. Não escuta orações que rogam oportunidades de serviço junto aos enfermos nem cruza com quem queira auxiliar na limpeza, na higienização e na manutenção da casa que abriga os necessitados. Não. A maioria das pessoas quer ser médium de cura ou receber orientações, mesmo desorientadas, rejeitando estudar.

Planejam, num dia incerto, entregar-se ao trabalho incessante no bem; enquanto esse dia não chega, porém, cedem a qualquer apelo do mundo, interrompem os compromissos assumidos na instituição a que se dedicam e desculpam-se a toda hora. Querem atenção e reconhecimento, mas não reconhecem a própria necessidade de esclarecimento ou de mudança interior. Reclamam, exigem, impõem condições e aguardam indefinidamente.

Cansados de tanto esperar, dormem o sono dos preguiçosos, lançando mão da desculpa enferrujada de sempre: de que é preciso algum milagre, sinal ou fenômeno para demarcar o início de seu projeto individual de espiritualização. Na verdade, adiam sua decisão definitiva na expectativa de um altar para incensar seu orgulho e sua preguiça.

É pena. Aguardam em vão.

CAPÍTULO 10
PERFEIÇÃO
ELA EXISTE?

Você sabia que é permitido errar, meu filho? Pois é, você pode perder o controle da situação de vez em quando, como também é natural que você não cumpra todos os prazos estabelecidos ou os compromissos assumidos. Por definição, isso é ser *humano*. Errar a direção, brigar vez por outra ou simplesmente não ser "certinho" o tempo todo, pretendendo agradar a tudo e a todos, são características que reforçam sua humanidade, meu filho. De ninguém se exige sucesso durante a vida inteira, pois, mesmo que você queira acertar sempre, ainda continuará sendo gente, mortal. O sinal de que algo não vai bem é quando os erros e desacertos do cotidiano se transformam em marca registrada do comportamento de alguém.

Nego-velho nota quanto geralmente meu filho se cobra tal nível de acerto para o que claramente não está preparado. São tantas as exigências que não tem tempo de aproveitar sua fase de humanidade, a vida que lhe é oferecida e as coisas boas que ocorrem no mundo. Espera tamanha correção que, ao se equivocar, sente-se culpado, infeliz ou decepcionado. Aonde deseja chegar, meu filho? À perfeição?

Nego-velho acha que esse alto nível de exigência e essa cobrança por perfeição são pesos muito grandes que voluntariamente muitos carregam sobre si. É algo tão opressor que não conseguem mais rir, sorrir, "curtir a vida", como dizem no mundo. Possivelmente, essa compulsão por agir sempre com precisão e ser bonzinho o tempo inteiro tenha origem no passado remoto, em que o hábito de pressionar a si e aos outros se tornou um impulso fortemente registrado na memória espiritual. Contudo, pelo amor de Deus, meu filho: não seja tão perfeccionista assim! Nem Deus exige aquilo que você mesmo cobra de si.

Toda imposição rigorosa com objetivo de acertar sempre, andar direitinho e não desagradar a ninguém é um fator que causa grande insegurança em sua intimidade. Fica o tempo todo de sentinela, vigiando-se, em vez de viver – isso quando não passa o tempo policiando também aqueles que o acompanham. Fatalmente, você se sentirá inseguro, porque, no fundo, sabe que não há como corresponder a tal expectativa, sem falar no fato de que esse comportamento afastará quem se encontra a seu redor, atemorizado. É um contrassenso, pois, embora conheça suas limitações, ainda que superficialmente, continua esperando e cobrando de si mesmo algo que não será possível viver nesta vida.

Deus e os bons espíritos não desejam pessoas perfeitas e absolutamente preparadas para o trabalho. Ele nos chama, utiliza-nos e confia em nós sujeitos ao erro, justamente porque o erro faz parte do contexto humano atual. Nessa etapa de aprendizagem, a finalidade é nos sensibilizarmos para as questões do cotidiano, sem o dever imediato de alcançar a perfeição. Somos chamados a desempenhar nosso papel da melhor forma que pudermos, com a máxima qualidade possível. Só isso.

Repare: não se exige perfeição; porém, qualidade, contentamento e satisfação são elementos essenciais. Se fizermos algo bem certinho, mas estivermos sobrecarregados, cansados, sem energias para usufruir daquilo que realizamos, que proveito haverá? Se o trabalho deu certo, tão certo que não resta mais o que fazer, mas estivermos descontentes, insatisfeitos conosco ou com os companheiros de trabalho, de nada adiantou.

Um dos objetivos do trabalho no bem – e, por extensão, de qualquer atividade – é que o trabalhador, o idealizador e seus companheiros se sintam satisfeitos e contentes, isto é, que possam usufruir dos frutos do esforço conjunto.

Pai-velho observa por aí a difusão de certos conceitos, de que as pessoas devem trabalhar, trabalhar e dar o máximo de si. Segundo tais argumentos, deve-se fazer tudo da maneira mais perfeita possível, o que resulta na adoção de uma postura radical e exigente consigo mesmo e com os outros, a tal ponto que não se admite nenhum equívoco, atraso ou deslize. A ideia aí não é trabalhar com humanos, mas com anjos... O problema é que, para isso, é preciso mudar de planeta!

Na atmosfera da Terra a meta é a qualidade e, na melhor das hipóteses, a excelência em nossas atividades. Perfeição é algo que inclusive nego-velho desconhece.

Além daquelas pessoas que esperam perfeição, há outras que são perfeccionistas. São exigentes ao extremo e perdem o controle ante qualquer desajuste ou erro. Provavelmente tais filhos se encontrem em crise emocional, ansiosos ou em atitude de desrespeito para com o próximo. Nego-velho aconselha a esses irmãos que peçam transferência de domicílio planetário, com urgência, antes que se esgotem nas frustrações com a realidade humana. Do contrário, boa dose de conscientização poderá resolver metade dos problemas.

Esperar do outro e de nós mesmos atitudes rigorosamente corretas e respostas absolutamente perfeitas – mesmo com relação aos apelos do Alto e às questões com que nos deparamos ao longo do aprendizado espiritual e da vida social – é apostar, com vitória certeira, na insatisfação pessoal e na infelicidade íntima. Somos o que somos e não detemos condições de dar saltos quânticos, como alguns gostam de dizer; caminhamos, marchamos ou trotamos, mas sempre passo a passo.

A conquista da qualidade no âmbito da humanidade atual, seja na vida, nas realizações ou nos compromissos assumidos, somente será possível se admitirmos o erro como possibilidade em nossas experiências e tomarmos os acertos como ideais a serem alcançados.

Ver o erro como parte do processo não significa incentivá-lo ou ser conivente com o que não está certo, mas preparar-se para a possibilidade de que ele ocorra – atitude esta que influi diretamente na compreensão das limitações humanas e daquilo que podemos oferecer à vida. Embora os obstáculos devam ser superados, e o ideal, alcançado, nego-velho desconhece alguém, no corpo ou fora dele, que tenha atingido o grau de eficácia que muitas vezes cobramos de nós mesmos.

Pode ser que você deseje ser reconhecido por suas realizações pessoais ou então que determinadas pessoas tenham orgulho de você, tais como pais, familiares e amigos ou colegas de trabalho e superiores hierárquicos. Mas por que motivo você pensa precisar da aprovação dessas pessoas? Espera que elas lhe prestem homenagem publicamente? Na verdade, esse é o significado desse tipo de pensamento, se meu filho o abriga na mente. Liberte-se dessas fantasias e libere tais companheiros de jornada de expectativas assim. Está na hora de cortar em definitivo o cordão umbilical e o laço emocional de submissão que o prende aos pais, aos amigos ou a qualquer outro indivíduo.

Aprenda a caminhar com seus próprios pés, meu filho. A dependência do outro é a causa de muitos males. Quando você começar a agir por si mesmo, sem esperar aprovação ou aplausos alheios, descobrirá motivações e prazeres extraordinários. Consciente de que ninguém além de você é capaz de castigá-lo por seus enganos, poderá usufruir da vida com maior tranquilidade e sem sentimento de culpa. Prestar atenção no outro, a fim de ver se está olhando ou vigiando você, então será um comportamento desnecessário. Ou seja: você viverá com mais suavidade e naturalidade – e será você mesmo. Submeter-se a chantagens emocionais ou podar-se na realização de suas experiências também serão cenas do passado, pois, nessa situação de autonomia, você será apenas um filho de Deus livre para o amor.

Pois é, meu filho. Por incrível que pareça, você não precisa ser perfeito para ser feliz, nem tem de exigir perfeição e conduta irrepreensível de quem quer que seja, baseando nisso sua felicidade, até porque sabe que não existe tal coisa.

Você já percebeu que hipotecar sua satisfação, projetando-a num futuro teórico, em que tudo correrá sem atropelos, é certeza de prejuízo em seu investimento? "Quando tudo estiver pronto, gozarei da minha felicidade" – isso é um pensamento irreal, meu filho. De modo equivalente, condicionar sua realização pessoal às reações emocionais do próximo faz de você uma criatura muito frágil e vulnerável, não é?

    Sendo assim, meu filho querido, é momento de acordar, construir sua vida e os fundamentos de sua felicidade sobre sua própria realidade, desprovida de fantasias e projeções. Em primeiro lugar, ame-se, compreendendo seus limites e, em seguida, procure degustar o que a vida lhe oferece a partir da sensação de ser humano, exatamente como os outros seis ou sete bilhões de seres reencarnados no planeta. Prossigamos, imperfeitos ainda por longo tempo, mas animados da vontade e da disposição de melhorar, embora não obcecados por atingir estados ainda impossíveis de imaginar. Ser feliz é resgatar a simplicidade em nossa intimidade e também reconhecer quanto nos falta percorrer, sem nos deixarmos desencorajar jamais.

CAPÍTULO 17
OS OUTROS PODEM
ERRAR TAMBÉM
– SABIA DISSO?

Será que meu filho já parou para pensar que, além de você, existem na Terra bilhões de outros filhos de Deus? Por acaso você tem consciência de que essa multidão de seres nasce, cresce, vive, trabalha, sente fome e frio, chora e está em busca da felicidade, igualzinho a você?

Nego-velho às vezes é chamado para socorrer alguns filhos que supõem que seus problemas são os únicos do mundo. Em virtude dessa postura, talvez, nutrem tremenda expectativa em relação ao outro, esperando um comportamento estritamente correto, sem nenhum deslize por parte de quem compartilha sua trajetória no mundo. Na maioria das ocasiões, as exigências multiplicam-se de tal forma que se torna difícil para os demais a convivência. Até mesmo para aqueles que amam há limites, meu filho, que, se ultrapassados, trarão consequências. Nesses casos, as relações mais próximas são afetadas, e todos enfrentam dificuldades em conviver com quem exige demais, espera tal número de acertos ou reclama tanta atenção.

Certas exigências e demandas de atenção que depositamos sobre nossos companheiros, amores ou amigos acabam por sufocar tais relações, que poderiam ser promissoras. Quanta gente no mundo não abortou relacionamentos abençoados devido ao exagero de normas e de expectativas no dia a dia?

Nego-velho falou a respeito da tolerância consigo mesmo; no entanto, pergunta: será, meu filho, que você está sendo tolerante e compreensivo com o próximo mais próximo? Ou está utilizando dois pesos e duas medidas?

É fundamental aplicar senso crítico mais apurado na análise de nós mesmos. Corremos o risco de querer muito e, com isso, perder tudo.

Quantas vezes usamos a palavra para exigir, reivindicar, protestar e quantas outras para agradecer, incentivar ou reconhecer? Uma palavra é o suficiente para realizar muito em benefício de nossa paz, além de solucionar conflitos e pendências seculares. A palavra é poderoso instrumento da mente nos relacionamentos que a vida física proporciona, podendo abrir estradas ante a nossa cegueira espiritual e nossa insensibilidade emocional.

Pai-velho pode parecer duro nas palavras, em alguns momentos; entretanto, gostaria de levar meu filho à meditação ou reflexão a respeito desses desafios íntimos. O ser humano se especializou, ao longo do tempo, nas reivindicações, queixas e imposições. Embora seja possível verificar o volume de suas exigências em ambientes e situações os mais distintos, é no campo dos relacionamentos interpessoais que se expressam com maior intensidade e provocam abalos mais ou menos permanentes, conforme a facilidade em destilar o veneno da inconformação e da insatisfação sobre o outro. Normalmente, vemos aquele que demanda atenção e aceita apenas resultados brilhantes interpretando o papel de vítima na situação, enquanto o outro se vê obrigado a aquietar-se para evitar traumas mais intensos. De modo geral, o alvo das cobranças é o outro, apontado regularmente como incorreto e responsável por as coisas não atingirem êxito.

É pior quando o cobrador de atenção e acertos é uma pessoa religiosa, que afirma saber perdoar. Jura exercitar o perdão e, ao mesmo tempo, não releva nada e retém as ofensas no frescor da memória, que não apaga dia nem hora e é capaz de descrever as condições meteorológicas nas quais se deram os conflitos e pendências de que se considera vítima. E mais: a questão a ser levada em conta aqui, meu filho, não é a de perdoar ou não, já que não ocorreram ofensas, mas somente exigências da pessoa que se mostra como vítima da situação. É melhor sermos práticos do que bonzinhos.

Você tem consciência, meu filho, de que todas as pessoas que convivem ou compartilham suas vidas com você podem errar também, agir de forma incorreta ou ser pura e simplesmente grossas e irritantes, tanto quanto você em diversas ocasiões?

É duro de ouvir isso, meu filho? Mas nego-velho afirma que tudo o que nos incomoda no outro ou não nos agrada no comportamento alheio é puro reflexo de nossa insatisfação com nós mesmos. O outro é um espelho que reflete nossas próprias deficiências, que rejeitamos reconhecer.

Todavia, tome cuidado, filho: não há lei que obrigue ninguém a tolerar indefinidamente nossas exigências de perfeição ou de santidade compulsória. Há um momento na história de cada um que é o ideal para a alforria da alma, a libertação dos sentimentos e dos relacionamentos castradores, exigentes e perfeccionistas. A hora da carta de liberdade de cada ser sempre chega, e ele então se libera das tormentas emocionais em que está envolvido e encontra uma outra realidade que, com frequência, desconhecemos.

Analisemos por outro ângulo essa situação comprometedora. Por que sua felicidade e sua satisfação com a vida devem ficar ligadas ao comportamento exemplar ou a atitudes acertadas de outros? Tanto quanto você, o outro, seja ele quem for, não tem de acertar sempre nem é obrigado a se comportar de forma irrepreensível, como um santo ou um anjo celeste. O outro vive como você, filho; tem suas limitações também e seus ideais de vida, ainda que diferentes do seu. Não importa que essa outra pessoa seja seu namorado, sua namorada, esposa ou um companheiro qualquer em suas relações; simplesmente é outro ser, e não extensão de seu espírito ou apêndice de sua mente.

Em qualquer relação, um mais um não formam um ser fundido no outro, mas dois seres temporariamente unidos, embora cada parte conserve sua individualidade, deveres e direitos idênticos, assim como o direito de errar. Meu filho pode compreender isso?

Não adianta ficar pedindo ajuda a pai-velho e aos guias espirituais para que interfiram nos relacionamentos, ajudando a dar tudo certo. Aliás, essa expressão usualmente significa dar certo de acordo com seu ponto de vista.

A melhor forma de solucionar impasses como esse nas relações de meu filho é conscientizar-se de que os outros não são você e, portanto, não se portam de acordo com seus padrões e referências. E nada no mundo pode provar que seus padrões de vida sejam melhores ou piores que os do próximo. Não é questão de estar certo ou errado, mas de compreender, aprender, compartilhar, dialogar, construir junto e respeitar as diferenças.

Já imaginou quanto seria muito mais fácil partilhar da vida caso pudesse acatar as dificuldades do outro como naturais e auxiliar, quando solicitado, na busca pela qualidade e excelência na vida de quem você ama?

Quer ser organizado o tempo todo, acertar tudo, mas não percebeu ainda que ser certinho e fanaticamente organizado é chatice? Nego vai além. Quer ver como é penoso conviver com perfeccionistas? Experimente fazer uma pesquisa algum dia. Dê oportunidade para que as pessoas de suas relações gravem numa fita magnética ou similar tudo o que pensam sobre você. Peça àqueles mais próximos que registrem seu ponto de vista, que façam comentários a respeito de seu comportamento. Evidentemente, meu filho, você deve se manter distante. Aguarde pacientemente e, então, ouça o que está na fita. Você certamente se surpreenderá com o que escutará. Sabe por quê? É que aqueles que dividem conosco sua trajetória também têm uma visão a nosso respeito – não uma visão ilusória, mas real, tal qual nos percebem. Encarar essa realidade de frente e sem autopiedade é algo bastante incômodo.

Seja como for, meu filho, dê uma chance a si mesmo. Cobre um pouco menos, compreenda os limites alheios e seja menos perfeccionista. Quem sabe assim não será mais fácil conviver com os outros bilhões de humanos do planeta onde mora? Garanto que encontrará maior qualidade em suas relações.

É bem melhor admitir nossas faltas e pedir ajuda do que expor as dos outros e ser taxado de crítico contumaz e insuportável. Exibir inteligência, meu filho, dependendo do contexto, pode irritar o mais simples dos mortais. Reconhecer seus defeitos sem exigir perfeição dos demais pode enternecer qualquer coração e granjear o devido respeito.

Todos os grandes homens, os heróis e santos que a humanidade admira foram crianças ignorantes algum dia. Você pode imaginar isso? Já erraram, caíram e tiveram grandes limitações, se ainda não as possuem.

Quando ainda bebês, dominaram completamente a família, de maneira que toda a vida familiar gravitava em torno deles. Bastava um choro para que os adultos, seus pais, corressem, a fim de realizar suas vontades. Isto é, muitos meninos provavelmente foram alvo da adoração de adultos considerados por nós pessoas extraordinárias. E eram apenas crianças, sem conhecimento, sem especialidade, sem diplomas, sem carreira, cujo futuro todos ignoravam.

Repare que, para ser alguém, conquistar felicidade ou se fazer admirável ninguém depende de títulos, posição social ou eficácia constante e inteligência apurada. Sem nenhuma experiência, as crianças sabem instintivamente como se projetar no mundo e como arrebatar as pessoas a sua volta.

Errar todos erram, mas transformar o erro em aprendizado é para poucos. A Terra é uma grande escola de almas, e, já que os erros fazem parte da trajetória da humanidade, somos forçados a concluir que o equívoco deve ter sua função. Nesse sentido, errar não somente é humano; a transformação do erro em lição é uma metodologia divina.

Estacionar no erro pode gerar imensas consequências para meus filhos; no entanto, a cobrança de acertos de forma permanente traz consequências gravíssimas para qualquer um.

É importante reconhecer, meu filho, que você não é nem santo nem fraude. Os desacertos da caminhada humana são inúmeros, e isso não só é natural, como previsto. Ao se apresentar como aprendiz do Evangelho de Nosso Senhor Jesus, não significa que a obra em você já esteja concluída. Não é isso que se pede do servidor e aprendiz. Analisando o percurso da vida espiritual, muitos filhos se angustiam ao deparar com suas limitações e imperfeições, bem como com a realidade de que ainda estão distantes de atingir os últimos degraus da chamada perfeição terrestre. Contudo, Nosso Senhor nunca se enganou quanto àqueles que chamou. Ele não conta com comportamentos elevados nem com atitudes éticas e acima de qualquer suspeita, pois sabe que ainda não estão preparados para isso.

A exigência consigo mesmo é algo puramente humano, produto de um profundo sentimento de culpa enraizado na intimidade de cada ser. Se Deus quisesse trabalhar na Terra com santos anjos, por certo Ele poderia chamar a corte celeste. Mas foi da vontade do Pai utilizar os próprios homens da Terra para operar a transformação no mundo, considerando que o progresso é incessante, e os instrumentos, ainda imperfeitos, porém eficazes.

Os tropeços e percalços da jornada fazem parte do processo educativo, que visa ao amadurecimento durante a caminhada. Também são úteis para preservar-nos do orgulho, que nubla nossa alma quando nos consideramos melhores que os irmãos de humanidade. A metodologia utilizada pelo Pai não falha jamais, pois Ele compreende e não tem pressa com relação ao resultado da tarefa a nós confiada.

Portanto, meu filho, não se iluda quanto às suas possibilidades de êxito e às de seus irmãos. Mesmo os missionários – que não existiram assim em tão grande número na Terra –, mesmo eles erraram bastante e tiveram de lidar com isso, de forma a não se entregar a atitudes derrotistas e falsos conceitos de espiritualidade.

Nossa capacidade de aprender com nossos limites, falhas e defeitos é que cria em nós a resistência para enfrentarmos desafios maiores no futuro. Se você se acha incompetente para determinada incumbência, então observe as crianças em idade pré-escolar e procure enxergar nelas o gênio do futuro. Tente apreender que a natureza não dá saltos. Com você, meu filho, é a mesma coisa.

Hoje, talvez, não nos sintamos à vontade para administrar certos recursos, mas não esmoreçamos. Ao contrário, tratemos de trabalhar incessantemente para nos capacitar, sem, contudo, render-nos a pensamentos mesquinhos e a uma visão estreita da realidade humana. Deus espera exatamente isso, que você seja humano. Nada mais.

Homens que realizaram feitos extraordinários e foram reconhecidos pelo que de positivo edificaram, em sua maioria, não possuíam, ao menos no início, certos dotes e predicados que imputamos a eles. Chico Xavier, o apóstolo da mediunidade, portava certa deficiência visual e inúmeras outras limitações. Abraão Lincoln foi levado à presidência dos Estados Unidos somente após ser derrotado em diversas eleições. De modo análogo, gênios e famosos que desfilam nas galerias de heróis também tiveram problemas particulares, muitos dos quais sem solução imediata, o que não constituiu obstáculo para aprenderem com erros e deslizes. Em vez de cederem à inércia, prosseguiram, deixando um rastro de luz por onde passaram.

E você, meu filho? Aguarda o quê? Talvez você não queira, não acredite ou não se sinta capaz de realizações mais amplas, entretanto pode deixar suas marcas e pegadas na estrada da vida. Não se espera de nós grandes feitos, mas apenas que registremos nossas impressões no mundo, de maneira a realçar a quantidade de amor que fomos capazes de doar. Todos podem fazer tal coisa, e é tão somente isso que se espera.

Caso se sinta envergonhado com seus limites ou julgue restritas suas possibilidades íntimas, é provavelmente um sintoma de que você deve trabalhar sua auto-estima em caráter de urgência, meu filho.

O próprio nego-velho, que foi compelido pela própria consciência a enfrentar a escravidão em duas ocasiões distintas, enfrenta hoje muitos feitores do espírito em centros e terreiros, e, nem assim, desistiu. Longe de ser psicólogo ou terapeuta, sem ostentar diploma de médico, tampouco turbante ou batina – conforme certas exigências do meio espiritualista para o espírito candidatar-se às prateleiras das livrarias –, nego-velho ainda assim escreve, fala e canta, sabendo que palavras jamais são jogadas ao vento. Quanto mais você, meu filho, que já ultrapassou os limites estreitos deste nego-velho; pode então fazer bem mais. Ajunte forças, reúna pedaços do seu coração e dos demais e aglutine tudo com profundo amor. Trabalhe incessantemente, de mãos dadas, compreendendo a si e aos outros, que certamente farão coisas maravilhosas.

Nenhuma corrente, nenhuma senzala, nenhum feitor ou capitão do mato poderá impedir seu crescimento espiritual, social ou emocional. Você é luz eterna, candeia com substância divina, capaz de iluminar corações e deixar impressas suas marcas em outras vidas.

Se você algum dia precisar de ajuda, não prive seus amigos da alegria de poder servi-lo. Reconheça a deficiência e procure soluções mais simples com o auxílio do próximo.

Sua presença é importante para a felicidade do outro, e, por isso mesmo, você deve se conscientizar de que está apto a fazer diferença por onde anda. Não pense que os demais alimentem grandes expectativas em relação a recursos de que não dispõe. Contente-se em ser apenas humano. Eles identificarão melhor o amigo e companheiro quando ele próprio admitir-se falho. Assim, ficará mais acessível. Indivíduos certos e santos distanciam-se a tal ponto dos demais que criam oratórios e altares particulares, longe da realidade. Frequentemente, meu filho, nossos amigos se sentem gratificados simplesmente quando nós nos dirigimos a eles em busca de socorro. Não temos de ajudar sempre! Podemos e precisamos do auxílio do outro, e admitir esse fato é divino.

Portanto, deixe de lado tanto o medo de errar como a frustração por causa de suas fraquezas e trabalhe, lute humanamente para superá-las, abraçando aqueles que dividem o caminho com você. Mostre-se mais humano, menos exigente e mais, muito mais compreensivo. Verá, meu filho, quanto você pode ser mais amado e até admirado; sobretudo, se sentirá mais próximo do Pai e de Nosso Senhor, pois foi ele mesmo quem disse: "Eu não vim chamar os justos, mas, sim, os pecadores".[12]

Nego-velho não sabe o que você fará com estas palavras, mas estou torcendo para que você no mínimo reflita um pouco sobre elas, pois são fruto de experiências mil, de aprendizado e de momentos pequeninos de êxito.

---

[12] Mc 2:17.

CAPÍTULO 19
EXIGENCIAS
FUGAS
JUSTIFICATIVA

É HORA DE VOLTAR os olhos para determinada coisa, meu filho. Nego se refere ao quanto você espera, cobra ou exige do outro. Sei que já falamos disso antes, em outras palavras, mas agora é preciso analisar a postura de justificar-se e, ao mesmo tempo, cobrar do outro coisas ou atitudes que, na maioria das vezes, você mesmo não consegue fazer ou desempenhar.

Nego-velho observa, por exemplo, como você folga em dizer que se atrasa por causa deste ou daquele empecilho e como se atrapalha todo quando assume algum compromisso. No entanto, não mostra nenhum sinal de compreensão quando situação similar parece fazer parte da vida dos outros.

Nego acha que você está vivendo um caso de emergência espiritual e emocional, meu filho.

Há muita gente boa por aí que, apesar de ter ideias interessantes, ser comprometida com o bem, ter um trabalho nobre e ser um ótimo cidadão, não obtém sucesso ao se organizar nas mínimas coisas do cotidiano. Começam o dia acreditando que não se levantarão da cama jamais, pois não se contentam com o sono que têm, o mundo em que vivem ou o sistema do qual fazem parte. Mas contam sinceramente com que os demais cumpram seu papel diligentemente, sem titubear, para que sejam supridas as necessidades mais básicas de seu trabalho e sua família. Para tais pessoas, encarar um novo dia é como ter de se arrastar penosamente, erguer-se sofregamente e então promover o esforço incrível de abrir os olhos. Cultivam uma sensação de que o mundo está errado e então rebelam-se, pois sabem ou acreditam que já estão atrasadas para os compromissos e que não há como modificar a situação. Têm lugar, assim, o mau humor, o desânimo e o descontentamento. Porém, caso os outros se atrasem, não costumam olhar para eles com a mesma complacência com que avaliam a si mesmos.

Naturalmente, tais pessoas reconhecem que o sol nasce diariamente para todos. Mesmo assim, colocam-se na posição de fiscais, atentas para que os outros se levantem, cumpram seus deveres e, de preferência, estendam-lhes a mão, fazendo com que não se sintam culpadas. Odeiam ter de se adequar a horários; gostam que os outros se adaptem a seu tempo particular. Mas a vida transcorre, e o mundo gira assim mesmo, meu filho, ainda que contra a nossa vontade.

Nego-velho fica a imaginar que esses filhos por vezes se dedicam a cobrar dos outros a realização de coisas simples, tarefas do cotidiano que eles mesmos não dão conta de fazer. Isso está certo ou errado? Não é o que importa, nego-velho não vê por esse ângulo. A questão não se restringe a correção ou engano, meu filho, mas nos incentiva a analisar, falar ou entender nossa própria realidade.

Aqueles que se demoram na cama sem se satisfazer com o sono, demandando mais tempo para encarar a vida, estão fugindo de desafios, de se enfrentar ou de topar as atribuições diárias da maneira comum a todos. Inconscientemente, abrigam-se debaixo dos lençóis e dentro de casa, ou então se desculpam de modo indefinido, como reflexo de uma fuga interna que se manifesta em sua atitude de viver. Repare, filho, que quem age assim nunca está satisfeito consigo mesmo. Projeta essa insatisfação no mundo, nas pessoas ao seu redor, cobrando delas impacientemente, embora de maneira inconsciente. Lançam mão de palavras duras na hora do diálogo e ferem muita gente pelo seu modo de falar, disfarçado de sinceridade. Tudo isso não serão disfarces para encobrir suas deficiências e retirar de si mesmo a responsabilidade por sua participação no mundo? Será mais fácil exigir dos outros em vez de empenhar-se e educar-se ante as atitudes que você já identificou em si mesmo?

Talvez, por enquanto, meu filho, você tenha um amigo, um parente ou outra pessoa que compartilhe com você suas experiências e até o ajude a se desculpar. Mas será que os outros terão com você tanta compreensão assim, que não vejam essas dificuldades que você mesmo identifica?

Não se assuste, meu filho, se as palavras

de nego-velho fazem você refletir nessas coisas que incomodam; é que, quando a gente ama o filho querido, em geral nos preocupamos com certas coisinhas, que a maioria das pessoas finge não perceber. Principalmente se vemos o filho do nosso coração se sentindo tão insatisfeito consigo mesmo.

Minhas palavras são para que você medite acerca de algumas situações. É comum, no dia a dia, meu filho trabalhar, relacionar-se com muita gente, ter seus momentos de lazer. Todavia, será que já cogitou perguntar às pessoas que o cercam o que elas pensam sobre você? Nego-velho diz isso porque, em grande parte das vezes, aqueles que são subordinados ou amigos nem sempre têm coragem de falar o que acham da gente. Perguntar ou então solicitar que escrevam algo a respeito, tanto as coisas boas quanto aquelas que não apreciam, talvez provoque algum incômodo ou assuste, não é, meu filho? Mas esse exercício faz com que você possa entender as reações do outro ante as exigências que manifesta.

Possivelmente, a partir disso as cobranças não se expressem da forma como têm sido feitas até agora. Quem sabe, meu filho, você não possa formular uma visão mais ampla de si a partir daquilo que conhece de sua própria realidade e sob o olhar atento do próximo mais próximo a você?

A vida é constante exercício, e, se eventualmente não temos clareza suficiente para uma atitude mais crítica ou analítica a nosso próprio respeito, talvez venhamos a despertar diante das observações que os amigos, subordinados ou parentes façam de nós. Está aí um belo exercício de conhecimento de nossas atitudes e sua repercussão sobre aqueles que nos cercam. Quando finalmente entrarmos em sintonia com certos fatos cuja realidade resistimos trazer à tona, podemos conscientizar-nos com maior clareza de nossos ímpetos e impulsos. Quem sabe, meu filho, então você se sentirá estimulado a partir para algo mais construtivo?

Outra coisa que tipicamente acompanha esse tipo de comportamento de meu filho é quando você começa a se desculpar utilizando deslizes alheios, como se as limitações dos outros fossem uma motivação para as suas, além de tê-las como respaldo para que meu filho continue na mesma forma de viver. É muito frequente essa característica humana, em que o ser se esconde por detrás de comportamentos alheios a fim de não abandonar os padrões antigos, já reconhecidos como indesejáveis. Reluta em mudar e vive procurando justificar seu jeito de ser. Entretanto, apesar dessa forma de se comportar, não abre mão das exigências para com os outros. Normalmente, esses filhos não admitem que está a seu alcance corrigir aquilo que os incomoda; ao contrário, dizem e reafirmam que não há como modificar-se, pois tentaram, mas não conseguem.

Será mesmo assim? Houve realmente empenho em alterar sua rotina ou meu filho sente prazer em continuar no mesmo ritmo, alegando inconformação? Nego-velho pergunta: se você está insatisfeito, filho, por que não se modificar, se esforçar, insistir e pedir ajuda? Caso seu jeito lhe agrade, por que motivo então queixar-se das coisas, que não são como você acha que deveriam ser? Ou o mundo está errado? Veja bem que não é pai-velho quem está dizendo que as circunstâncias estão erradas nem corretas. Nego-velho está apenas estimulando-o a meditar quanto às suas insatisfações e sua incoerência nos momentos em que exige do outro algo que você mesmo não dá conta de oferecer, ou, ainda, nas ocasiões em que meu filho reclama disciplina, cumprimento de prazos e deveres e, ao mesmo tempo, não consegue dar uma resposta satisfatória a si mesmo.

Nego-velho vê esse estado como sintoma de emergência espiritual e psicológica, e você, meu filho, como necessitado de auxílio terapêutico imediato.

No planeta Terra, todos somos necessitados de algum tipo de socorro ou auxílio; contudo, quando relutamos em procurar ajuda e nos apegamos às nossas exigências e reclamações, então o caso é grave. Nossas justificativas e alegações, por mais nobres que pareçam, filho, não resolverão os problemas nem solucionarão os equívocos da caminhada. Além do mais, servirão para aumentar a falta de confiança que os companheiros de jornada porventura depositaram em nós. É isso mesmo, pois é bom recordar, meu filho, que a confiança é algo difícil de conquistar, mas extremamente fácil de perder.

Que tal dar um basta na situação, parar de maquiar essas pequenas dificuldades e buscar ajuda? Podemos estabelecer uma excelente parceria visando à sua satisfação. Com certeza, ao procurar auxílio e aceitá-lo da maneira como vem, estará se habilitando para maior investimento e realizações. Pense nisso, meu filho.

CAPÍTULO 2

RITMO: UMA LEI A SER RESPEITADA

TUDO NA VIDA obedece a um ritmo. O coração bate compassado, em determinado ritmo, estabelecendo um circuito de vida tão perfeito quanto admirável. As estações do ano se alternam segundo o ritmo planetário, trazendo consigo benefícios e desafios aos habitantes do planeta. A própria Terra, obedecendo ao magnetismo divino, desloca-se em velocidade calculada, girando em torno de si mesma e do Sol, favorecendo assim os homens no estabelecimento da contagem dos tempos.

A vida transcorre sempre dentro de um ritmo divino, dividindo as experiências humanas em períodos distintos, fáceis de administrar e estudar. Entretanto, quando transportamos nossas observações para o campo comportamental dos indivíduos, as ações e reações de meus filhos muitas vezes não denotam respeito pela vida e pelo ritmo de vida característico de cada um.

A filosofia milenar taoista sintetizou a simbologia da vida em um círculo dividido em dois componentes conhecidos como *yin* e *yang*, formando um diagrama chamado *tao*. Nego-velho não faz alusão aos modismos que vêm e vão em apenas algumas décadas. Pai-velho se refere ao conhecimento iniciático expresso nessa filosofia, já abalizado e estudado há milhares de anos. Trata-se, portanto, de algo comprovado pela experiência de milhares de seres humanos.

 Segundo essa mesma filosofia, o *yin* representa a força ou a característica feminina, passiva, sensível, sentimental e emocional, que diz muito acerca da personalidade de milhares de seres humanos, independentemente da morfologia na qual está inserido seu espírito. O *yang*, por sua vez, caracteriza o elemento não oposto, mas complementar, isto é, o ser masculino ou o polo positivo, dinâmico, elétrico, ativo e associado às personalidades rígidas, hiperativas, cuja presença no mundo não passa despercebida devido ao teor energético que imprimem em suas atividades e atitudes. Pode-se encontrar esse tipo revestido de um corpo masculino ou feminino, já que o fator energético não depende da morfologia, mas de uma questão psicológica.

Cada um dos seres humanos representa um papel momentâneo, cujas características *yin* ou *yang* poderão conviver numa mesma encarnação, alternar-se entre uma e outra experiência ou simplesmente uma delas poderá sobressair como fator preponderante na psicologia do indivíduo.

Compreendemos isso – alguns poderão dizer para nego-velho –, mas não aprendemos ainda a respeitar o momento rítmico das pessoas, mesmo sabendo que elas se inserem nessa verdade milenar, já admitida pelos irmãos da ciência.

Nego-velho nota como os filhos se desrespeitam nesse aspecto da natureza individual. Cobram-se posturas diametralmente opostas a suas características íntimas e, por isso mesmo, sentem-se oprimidos, angustiados e inseguros quanto a seu potencial criativo e produtivo. Nesse contexto, as exigências para com o próximo multiplicam-se indefinidamente, pois não consideram que muitos daqueles de quem meus filhos cobram determinada atitude não têm condições de tê-la. Isso se dá porque as características da atual existência se confrontam radicalmente com aquilo que se espera deste ou daquele filho. São universos antagônicos, e não há como desprezar esse fato. O ritmo de vida de tais pessoas pode ser incompatível com as aspirações de outros a seu respeito.

Como consequência, a partir do momento em que se projetam expectativas para as quais não se está capacitado, surge a opressão, a baixa estima e o sentimento de incompetência. Sabe por quê, meu filho? Apenas porque você não conseguirá agir naturalmente fora do padrão mental e do ritmo próprio sem se violentar ou se sentir agredido. Mesmo tentando agir em desacordo com seu ritmo natural, não haverá meios de satisfazer quem lhe exige isso, pois você não suportará por muito tempo a pressão; por certo ruirá ao mínimo sinal de estresse ou desgaste. Ou seja: é impossível corresponder aos anseios esboçados sem se levar em conta tais fatores inerentes à alma humana.

Tudo isso que nego-velho fala com você, filho, tem por finalidade incentivá-lo ao exame de seu próprio ritmo de vida, de modo a torná-lo capaz de identificar o ritmo das pessoas que dividem o trabalho e a vida com você. Há quem seja muito bom no que faz, mas exigir que faça algo além de sua característica e capacidade é forçar a própria vida. Talvez tais pessoas não estejam preparadas para satisfazer suas expectativas. Com certeza, impondo exigências, você se sentirá decepcionado, meu filho. Por favor, observe o ritmo do próximo e não peça dele mais do que pode ou do que tem condições de oferecer.

Por aí tem gente muito boa em vender uma ideia ou um produto e desenvolver excelentes planos de trabalho e estratégias para o crescimento individual ou coletivo. No entanto, seu ritmo não lhe oferece meios de concretizar aquilo que foi concebido. Necessitam de outra pessoa ao lado para o controle da situação, a efetivação dos projetos e o acompanhamento de cada passo do programa proposto. É, por sua vez, o ritmo em que estas também saberão viver. Esperar algo diferente é abortar um processo de criação e expansão extraordinário.

Em qualquer situação da vida, temos de considerar que cada um tem limites, mas seu ritmo de vida, desde que explorado convenientemente, será um excelente aliado para o progresso de todos.

Comece observando seu próprio ritmo de vida. Quando outra pessoa exige de você ou espera algo que está além de suas forças, aguardando uma resposta que meu filho não se vê capacitado a dar, não há como se sentir satisfeito consigo nem com aqueles com quem se relaciona. Normalmente, nesses casos, o ser humano acaba agindo fora do ritmo de sua vida, forçando as circunstâncias e comprometendo os resultados.

Viver uma experiência nova, que transcenda seu ritmo, ou ainda ampliar essa cadência só será possível mediante o amadurecimento e o reconhecimento, por si próprio, de que é imperioso modificar-se. Caso a situação seja imposta, o indivíduo poderá até mesmo trabalhar ou viver lapsos de tempo que ultrapassam sua realidade, mas isso não será permanente nem natural, e ele acabará por sucumbir à pressão. É um preço alto demais a pagar.

Valho-me ainda de determinado ensinamento taoista, bastante antigo:

Não aguarde dos outros nenhuma coisa, atitude ou trabalho para os quais não estão preparados. Aprenda, com a sabedoria da vida, a extrair o máximo daquilo para o qual a mente está programada e capacitada. Quando a pessoa esgotar seu potencial de realização em sua vida, então surgirá o momento apropriado para transcender os próprios limites.[13]

Esse ensinamento secular, meu filho, reafirma nossa necessidade de respeito aos limites, ao ritmo da vida, ao programa de cada um. Quando surge um novo desafio e torna-se vital que nós mesmos ou o próximo mais próximo nos

---

[13] Citação transcrita pelo autor espiritual. Fonte desconhecida.

dediquemos mais ou superemos os limites, então haverá como oferecer recursos mais eficazes e investir na capacitação de todos, aguardando que cada um reconheça que pode mais, que tem muito mais a alcançar, e, aí sim, os resultados serão compatíveis com o investimento. No entanto, há que se respeitar o momento do outro e sua característica individual – que, na verdade, é sua digital energética, intransferível, inviolável e essencial.

Esse respeito à lei do ritmo pessoal será de imensa valia a você, meu filho, quando estiver prestes a exigir demais de si mesmo. Será grandemente proveitoso em suas relações sociais, nos instantes em que você se pegar aguardando determinadas respostas alheias; além disso, favorecerá a compreensão das atitudes do próximo quando sua conduta e seus gestos se tornarem repetitivos e desagradáveis. Nesse caso, sinta-se estimulado a buscar aperfeiçoamento, investindo na pessoa, caso perceba que poderá colher, no futuro, frutos mais promissores. Ante as dificuldades encontradas nos relacionamentos interpessoais, pense na lei do ritmo e lembre que para cada estilo é necessário um método diferente. Isto é, uma vez que todos os seres vibram em um ritmo particular, a metodologia empregada para cada um deve ser diversificada, compatível com a pluralidade de compassos, harmonias e características individuais.

Nego-velho acredita que, estudando essas questões, que são cruciais para os habitantes da Terra, meu filho se sentirá menos angustiado ou desiludido consigo e com os demais.

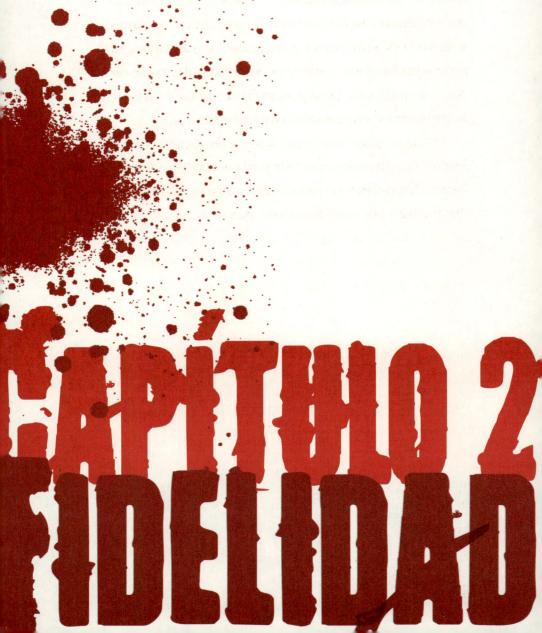

CAPÍTULO 2
FIDELIDAD

QUANDO A LEI divina[14] aconselha aos seres humanos adotar uma atitude de fidelidade, as pessoas religiosas costumam entender que o mandamento se refere à fidelidade conjugal. Meus filhos ainda têm a mente girando em torno das questões materiais e emocionais que os incomodam, a tal ponto que interpretam de maneira muito pessoal os ensinamentos do Alto. No que tange às mensagens que advêm do Mundo Maior em direção aos corações de meus filhos, há tendência à interpretação individual, como se tudo gravitasse em torno de sua vida particular. Se há uma advertência, logo tomam como se tivessem errado ou cometido alguma falta grave; quando percebem algum ensinamento que não

---

[14] O autor espiritual refere-se especialmente ao conceito de fidelidade imanente aos dez mandamentos, encontrados em Ex 20:1-17, os quais constituem a primeira das revelações divinas para os futuros cristãos, segundo entende a doutrina espírita (ver KARDEC, Allan. *O Evangelho segundo o espiritismo*. Diversas editoras e traduções. Cap. 1: "Não vim destruir a lei", itens 1 a 7).

corresponde às suas intenções ou atitudes, creem que Deus ou os espíritos estão exigindo demais.

Todo ensinamento tem um objetivo geral e pode ter uma aplicação particular. Mas presumir que foi endereçado exclusivamente para seu caso, seria muita pretensão de meus filhos.

A fidelidade à qual a lei do Pai se refere tem a ver com o respeito aos princípios abraçados e adotados como conduta ou ideal de vida.

Nego-velho aborda esse assunto porque vê todo dia pessoas desrespeitando o investimento que o Alto faz em suas vidas. Deixam de valorizar a confiança nelas depositada, abdicam de um ideal, de um relacionamento promissor ou de princípios de vida. Comprometem a rota traçada e programada a duras penas devido à falta de fidelidade ao que quer que abraçaram algum dia.

Na verdade, esse impulso de desonrar os princípios de vida ou seus valores é algo merecedor de estudo, auxílio e terapia emergenciais, pois denota imaturidade e incapacidade momentânea de lidar com os apelos sensoriais, mundanos e ilusórios. Nego-velho se utiliza da palavra *mundano* com o significado de que a vida na Terra, no contexto reencarnatório, oferece inúmeras oportunidades ou caminhos alternativos àquele que foi descoberto, planejado ou estabelecido antes de o espírito reencarnar.

O caminho da iluminação espiritual é duramente conquistado durante inúmeras existências, até que o ser se esclareça e alcance maior grau de lucidez em sua jornada. Nessa etapa, surge a oportunidade de um investimento mais amplo e significativo – e, às vezes, até meritório – para que o ser em questão seja promovido a algo mais expressivo no contexto das responsabilidades coletivas. Porém, ele carrega ainda dentro de si elementos do passado, que jazem adormecidos na intimidade.

Esses elementos, meu filho, encontram respaldo nos inúmeros apelos que o mundo ou a vida mundana oferece. Nesse encontro de valores e de afinidades surgem os momentos de crise interior. Aí, meu filho se vê diante do dilema:

permanecer fiel aos princípios e valores descobertos e, talvez, conquistados ou, de outro lado, retroceder às expressões já vencidas, mas que deixaram marcas mais ou menos profundas em sua memória.

Quando se fala de fidelidade ou infidelidade como conceitos aplicados à vida social ou pessoal, podemos entender que a manifestação externa desses comportamentos constitui apenas o reflexo de algo íntimo, mais profundo. Isto é: o indivíduo que não consegue manter seu compromisso conjugal, familiar ou pessoal é porque, já há algum tempo, abdicou daquilo que assumira diante da própria vida e de seus valores.

Nego-velho tem visto pessoas falarem dos mais diversos tipos de crise: de casamento, de comportamento ou de outra espécie qualquer. Contudo, poucos falam de crise de valores. A ausência de princípios morais e espirituais é a mais imperiosa crise a se enfrentar na atualidade, pois qualquer tribulação externa ou que envolva relações interpessoais é apenas a sombra do que ocorre na dimensão maior, do espírito.

Há um ensinamento registrado no Evangelho, nas seguintes palavras de Jesus: "Em verdade vos digo que tudo o que ligardes na terra, será ligado no céu, e tudo o que desligardes na terra, será desligado no céu".[15] Sem nos atermos às questões de tradução ou à procedência do ensinamento, nego vê uma grande lição nessa passagem dita por Nosso Senhor.

Sabemos que o céu representa uma realidade mais ampla, além da dimensão puramente social e humana, no sentido das relações sociais. A terra, naturalmente, simboliza, de modo mais intenso, a maneira humana de viver, a realidade da vida social do homem. Portanto, podemos extrair dessa máxima que, enquanto o ser mantém a conexão e a fidelidade aos compromissos assumidos, levando-se em conta sua dimensão humana, é porque seus valores estão sendo honrados, e seus ideais, respeitados. Porém,

---

[15] Mt 18:18.

nos instantes em que, por um apelo qualquer da vida no mundo, desconsidera os compromissos assumidos, esse fato representa uma crise mais profunda dos valores da alma.

Espero que meu filho perceba quanto temos de investir na valorização e na fixação de compromissos, ideais e laços estruturados no mundo denominado *céu* – ou seja, na dimensão superior. Encarar esse fato da fidelidade aos princípios de cada um faz com que meu filho amplie ainda mais as possibilidades de resistência aos apelos fugazes da vida e da sociedade terrena.

Isso nos faz lembrar que a filosofia oriental denominou o sistema social e mundano de *ilusão*. A realidade cotidiana, à qual meus filhos estão habituados, hipnotiza o indivíduo de tal maneira e com tal força e ímpeto que muitas pessoas, ao experimentarem o contato mais estreito com esse sistema de vida, ou mesmo ao se permitirem distanciar-se da realidade espiritual, acabam por se ver presas na armadilha dos sentidos.

Breves instantes de euforia dos sentidos bastam para o indivíduo esquecer ou menosprezar os valores íntimos e os compromissos estabelecidos na esfera espiritual. A ilusão de se permitir viver apenas alguns momentos de modo diferente ou, ainda, de experimentar uma oportunidade ímpar são eventos que hipnotizam a pessoa, que, envolvida no fascínio suscitado em seu interior, rompe a conexão com a dimensão superior.

Quando a impressão dos sentidos passa, pois o mundo e suas expressões são temporários, ilusórios e existem apenas com o objetivo de fixar o aprendizado, ficam a angústia e o poço vazio, com o distanciamento da alma de seus objetivos. Evidentemente, esse distanciamento traz consequências mais ou menos graves para a vida de meu filho. Assim, além do sentimento de culpa e do remorso, vem o prejuízo na vida de outro alguém, de uma pessoa ou de uma comunidade a que se hipotecou um devotamento inicial.

O sentimento de culpa é passível de ser enfrentado, trabalhado ou, então, maquiado com novas permissões que geram atitudes cíclicas e repetitivas, dando vazão a conceitos que mascaram a falta de honradez. No entanto, só com o tempo – e com os séculos de reeducação que a consciência poderá exigir de meu filho – poderá se aquilatar o prejuízo decorrente da infidelidade à vida, tanto em âmbito pessoal como no que diz respeito ao outro, àquele que sofreu com o abandono dos compromissos por parte de meu filho.

Talvez esse capítulo da vida pareça duro aos olhos de meu filho, mas não há como ignorar certas verdades que enfrentamos em nosso dia a dia. A fidelidade à própria vida, aos princípios adotados, aos valores conquistados e ao programa existencial traçado pelo Alto são aspectos que merecem estudo cauteloso para que nossas ações, reações e atitudes sejam condizentes com a realidade.

Comumente, meu filho se limita a reagir diante dos apelos que encontra nos caminhos de sua existência. Dificilmente meu filho tem uma ação ou uma atitude que seja portadora de uma mensagem que denota seu envolvimento com algo maior. Ainda é tempo, filho, de se programar mais acertadamente. Sabendo da importância da fidelidade e da ação assertiva, fator imprescindível à vitória espiritual, que tal fazer uma programação mental e emocional? Assim, quando se deparar com esses apelos hipnóticos e sugestivos, você se encontrará mais apto a agir, mais preparado e com seu sistema de defesa individual ativado.

Meu filho vive no mundo; portanto, não há como se afastar dos impulsos da vida social. Mas pode, muito bem, conhecendo seus pontos fracos, organizar-se mental e emocionalmente antes de enfrentar qualquer investida infeliz ou de arriscar-se nos espinhos sedutores da hipnose dos sentidos. Manter o pensamento ligado com a dimensão superior através da prece e de uma leitura sadia é um método eficiente para liberar a mente do material tóxico e corrosivo, tão abundante nos cúmulos das experiências passadas malsucedidas. Desse modo, evitará pôr em risco sua conexão com o Alto.

Poderá, meu filho, viver no mundo, como vive, mas necessariamente não precisará oferecer sua mente e seus valores como material a ser devorado pelo descompromisso e pelas sombras à sua volta.

EPÍLOGO
EXPERIÊNCIAS SECULARES
APRENDIZADO ATUAL

U^(M DIA, EM SUAS) andanças por outras vidas, pai-velho aprendeu a medicar. Foram alguns anos de luta e dedicação, servindo ao ser humano através da valorização da vida. Mas o orgulho de um povo, enraizado na alma do médico que deveria ser de homens, fez com que eu relegasse ao abandono aqueles que acreditava serem excluídos da graça divina. O dinheiro, a posição social e o dito orgulho da casta familiar fizeram-me cego para determinados valores, e não percebi que a brancura da alma pode se esconder na carne disfarçada, doente ou colorida com uma cor diferente.

Naquele tempo, apesar das inúmeras vidas salvas e educadas pelo apoio médico, não tive o bom senso de perceber além das aparências. Era um período difícil, que ainda fermenta de ódio, na atualidade, como reflexo de uma época perdida no passado e registrada nas páginas da história.

O aprendizado foi imenso, já que nenhuma experiência é inútil; muito pelo contrário. Todas as questões enfrentadas e os testes elaborados pela vida, mesmo os que não soube aproveitar, foram suficientemente ricos para obter, registrar e assimilar conhecimentos e conceitos que nunca esqueceria. Nada se perde, tudo se transforma no jogo incessante da vida no planeta Terra. Dessa forma, assim que aportei no mundo espiritual, após longa permanência na carne, pude abrir a visão para outro lado da realidade. A chamada erraticidade, ou o período entre vidas, é extremamente fértil e pode ser aproveitada imensamente, tanto na aquisição de valores como na dilatação da visão sobre as realidades interna e externa.

Após algum tempo, muitas pessoas que foram abandonadas, desprezadas ou rechaçadas pelo orgulho e pela altivez do antigo médico preparavam-se para reencarnar na África, buscando intuitivamente suas raízes, no útero da mãe Terra. O antigo diploma transformou-se em hipoteca espiritual, que atestava o endividamento do espírito a quem muito foi dado. Segundo a programação, os rejeitados, reencarnados na

África, seriam levados ao Brasil, à terra do cruzeiro, berço da nova civilização. Lá, regariam o solo com seu sangue e suor, de maneira que, ao misturar sua semente com as daquela população e das raças ali representadas, pudessem contribuir para a formação cultural e religiosa da nova nação.

Aqueles espíritos, sofridos e experimentados em diversas ocasiões, em lutas planetárias, novamente se disfarçariam em corpos negros, na simplicidade de uma gente, de diversos povos considerados primitivos, mas imensamente importantes para o soerguimento de uma coletividade. Seres experientes, abdicaram de seu direito de reviver em corpos e situações mais compatíveis com seu estado evolutivo e retornaram, por vontade própria, aos rigores de experiências que atestariam sua coragem, renúncia e imensa contribuição ao crescimento da árvore do bem. No solo abençoado que os receberia mais tarde, dariam seu testemunho e deixariam marcas sublimes e indeléveis registradas na memória espiritual daquele povo.

    Presenciar esse fato e a renúncia daquelas almas teve sobre mim grande impacto, convertendo-se em lição para meu ser. Ao analisar as oportunidades que se faziam presentes, recebi a outorga divina da sabedoria, que me fez perceber o instante apropriado para modificar a rota na qual vinha me conduzindo na última existência física.

    Novos horizontes se desdobraram ante minha visão espiritual e, ao fechar os olhos de espírito, pude abri-los novamente já no solo da mãe África, aprendendo, como outrora, em meio à simplicidade da natureza. Ah! A mãe natureza, seus segredos, suas energias, seus axés e seus encantos. Convertido, por força das circunstâncias, em sacerdote da natureza, desta vez num corpo negro, no ventre da África, conheci de perto o canto dos escravos ao adentrar os porões dos navios negreiros. Era o choro e o lamento daqueles que escolheram contribuir para a formação da identidade cultural da pátria brasileira.

A chibata tornou-se substituta do bisturi, e as senzalas igualmente substituíam os consultórios médicos. Os rejeitados de outra época, então conduzidos aos porões das fazendas e dos coqueirais, foram socorridos com uma nova postura, uma visão mais experimentada, na dor e no serviço não remunerado da vida escrava.

As lições aprendidas multiplicaram-se à medida que os cuidados com brancos e negros foram cicatrizando antigas feridas, abertas na ignorância do orgulho doentio. A vida em contato com os encantados, os orixás, os axés e as mirongas da natureza tomaram o lugar dos estudos nas academias, e, paulatinamente, o patrimônio espiritual foi resgatado mediante a dedicação e a compreensão de novos valores, descobertos a cada passo.

Tudo é aprendizado, tudo é aproveitado. Nesse ir e vir das experiências construtivas, novo sentimento foi-se elaborando, forjado em meio aos açoites do feitor e à alegria das sinhazinhas e das negras ao verem seus filhos serem curados ou socorridos pela medicina do amor, das ervas e das flores.

Anos mais tarde, a morte provocou proveitosas reflexões, no período entre as encarnações. Valores foram definitivamente sedimentados; lições, aproveitadas e, outras mais, plantadas, como sementes aguardando o tempo certo para a colheita.

Soou a hora no cômputo do tempo divino, e a reencarnação providenciou um novo corpo, também negro, forte, então de temperamento firme e arrojado. Na Baía de Todos os Santos nasceu o negro João, no recanto conhecido como Arroio de Nazaré das Farinhas. No dia de São João, aquele povoado recebera um negro que, de tão feio, fazia dó e, de tão chorão, mereceu castigo. Sob as bênçãos de Xangô, ergueu-se pouco a pouco o novo filho de Aboré, que logo assumiu seu papel de aprendiz e servidor dos mais humildes.

Mandingas, pajelanças, axés e encantos foram canalizados para o tratamento do povo mais pobre e rejeitado, talvez esquecido, mas muito amado por aquelas bandas. Novas experiências de vida seriam incorporadas à bagagem espiritual, em meio a lutas e dificuldades, aos desafios e problemas que não dispunham de solução imediata. Tudo muda, até que a febre amarela transformou a cor daquela pele negra, e, ao desencarnar, o olhar vigoroso do ancião passou a irradiar magnetismo vivo, devido ao fato de haver posto em prática, em suas lutas, as lições aprendidas na erraticidade.

A morte foi a grande emissária que trouxe, nas asas da saudade, a libertação daquele corpo já experiente e daquela alma que aprendia lentamente seu papel no cenário da vida.

As lições, os desafios e as lutas – bem como as perguntas que nunca tiveram resposta ou as respostas para perguntas jamais formuladas –, tudo fez de mim o que sou hoje, o João, João Cobú, o escravo de meus filhos, o servidor fiel das horas difíceis.

O tempo avançou ainda mais, e as senzalas

se transformaram em centros espíritas, terreiros ou templos; as sinhazinhas e os sinhôs se ergueram em novos corpos. Os antigos negros se transformaram numa constelação de almas a serviço do próximo, mas as dores humanas permanecem semelhantes àquelas de então. O sofrimento, o mesmo de antes, embora o mundo tenha se transformado externamente. E aquele aprendizado converteu nego-velho em um eterno endividado para com meus filhos, fez com que a alma, antiga como o mundo, se aperfeiçoasse no contato com o sofrimento humano. Nos dias atuais, nego-velho se coloca em prece, ajoelhado diante do filho de fé, agradecendo a Deus e a Nosso Senhor Jesus Cristo pela oportunidade de continuar seu aprendizado junto dos filhos que tanto ama.

Sacerdote da vida, ela própria me transformou em alforriado pelo caminho do amor. Aquilo que muita gente classifica como dor e sofrimento constituiu-se no instrumento da libertação do cativeiro da alma. Comprometido com a felicidade dos filhos, imersos na carne ou fora dela, nego prossegue amando profundamente, no amparo aos que sofrem. É o coração de um negro que aprende, a cada dia, a servir e amar um pouco mais.

Uma vez que a vida, meu filho, proporcionou a este espírito tantas oportunidades assim, sendo eu imensamente endividado com as leis divinas, imagine quantas condições não oferecerá a você, que tem caminhado muito mais que nego-velho e conquistado méritos para os quais esse nego ainda está trabalhando?

Não se acovarde, meu filho! Assuma seu papel na vida, levante-se e, como representante de Nosso Senhor Jesus Cristo, saia pelo mundo a viver, sempre buscando amar, servir e aprender, com um novo cântico na boca, o cântico dos vencedores. Se, de alguma forma, precisar de ajuda, peça a pai-velho, que estará pronto a se jogar na terra a fim de amparar meu filho nos braços, impedindo assim que caia nas pedras do caminho.

Deus seja louvado.

O QUE É A VERDADEIRA LIBERDADE?

LIBERTAR-S
DE DOGMAS
PERDER
MEDOS
PRECONCEITOS

BERTAR-SE
A CULPA?